LA VÉRITÉ

A

LA FRANCE

OU

CAUSE ET REMÈDE DE NOS MALHEURS

MÊME LIBRAIRIE

DU DÉCOURAGEMENT, Réflexions sur le temps présent, par M. ANTONIN RONDELET. 1 vol. in-18 jésus. . . . . 1 fr. 50

LE SIÉGE DE METZ, journal d'un aumônier, par l'abbé CAMILLE RAMBAUD, avec une préface de M. ANTONIN RONDELET, 2e édition. 1 vol. in 18 jésus. . 2 fr.

LES INVASIONS GERMANIQUES EN FRANCE, par M HEINRICH, professeur à la Faculté des lettres de Lyon. 1 vol. in-8, avec deux cartes . . . . 2 fr. 50

LETTRES D'UN INTERCEPTÉ, par M. ARMAND DE PONTMARTIN, 3e édition. 1 vol. in-18 jésus. . . . . 2 fr.

SIX MOIS DE DRAPEAU ROUGE A LYON. 3e édition. 1 vol. in-18 jésus. 1 fr. 50

L'INTERNATIONALE, son rôle et son but. in-8. . . . . 50 c.

LE DRAME DE METZ, 23e édition. 1 vol. in-octavo. . . . . 1 fr.

LYON. — IMPRIMERIE PITRAT AINÉ, RUE GENTIL, 4.

LA VÉRITÉ

À

LA FRANCE

OU

CAUSE ET REMÈDE DE NOS MALHEURS

PAR

L'ABBÉ BUYAT

VICAIRE-GÉNÉRAL DU DIOCÈSE DE BELLEY

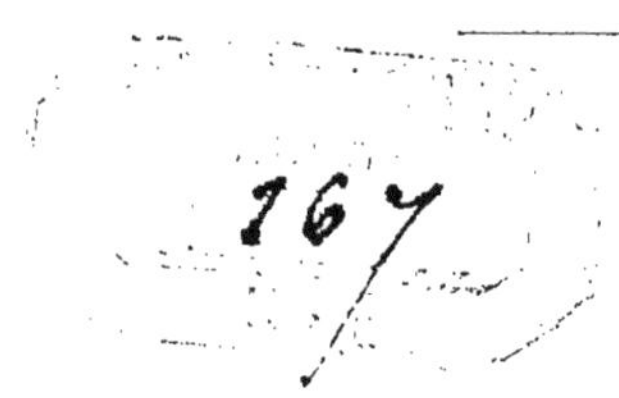

LYON

P. N. JOSSERAND, LIBRAIRE-ÉDITEUR

3, PLACE BELLECOUR, 3

Mai 1871

Sit igitur hoc a principio persuasum civitatibus, dominos esse omnium rerum ac moderatores deos, eaque quæ geruntur eorum, geri ditione ac numine, eosdemque optime de genere hominum mereri, et qualis quisque sit, quid agat, quid in se admittat, qua mente, qua pietate colat religiones intueri, piorumque et impiorum habere rationem. (Cicero, *De Legibus*, liv. II, vii.)

Ainsi donc, que les citoyens aient avant tout la conviction que les dieux sont les maîtres et les régulateurs de toutes choses, et que tout ce qui se fait, se fait par leur puissance, leur volonté, leur providence, qu'ils méritent bien du genre humain, qu'ils voient ce que nous sommes, nos actions, nos cœurs, dans quel esprit, avec quelle dévotion, chacun accomplit les pratiques religieuses, et qu'ils tiennent le compte de l'homme pieux et de l'impie.

Et nunc reges, intelligite, erudimini, qui judicatis terram. (p. 3, 11, 10.)

Et maintenant, chefs des peuples, comprenez et instruisez-vous, vous qui jugez la terre.

Peccatum peccavit Jerusalem, propter ea instabilis facta est: omnes qui glorificabant eam, spreverunt illam, quia viderunt ignominiam ejus: ipsa autem gemens conversa est retrorsum. (Jerem. *Coment.* I, viii.)

Jérusalem a grandement péché, voilà pourquoi elle est couverte de honte [1], tous ceux qui la glorifiaient l'ont méprisée, parce qu'ils ont vu son ignominie, pour elle, elle gémit et détourne la face.

Jerusalem, Jerusalem, convertere ad Dominum Deum tuum.

Jérusalem, Jérusalem, convertis-toi au Seigneur ton Dieu.

[1] Traduction de l'hébreu.

AVANT-PROPOS

Pour révéler la cause qui a conduit la France dans la triste situation où elle se trouve, l'auteur a dû s'occuper des diverses institutions ou associations qui existent dans le pays. Il s'est efforcé de rendre évident le résultat général; mais il n'a pas prétendu en faire peser la responsabilité sur tous les hommes qui appartiennent à ces institutions ou à ces associations. Il y a, grâce à Dieu, au milieu du mal qui nous dévore, dans toutes les positions sociales, beaucoup d'hommes de bien, et ces hommes sont destinés à rétablir les saines idées et à coopérer à une régénération nécessaire. Nous avons encore des familles chrétiennes, des administrateurs honorables, l'armée possède des officiers instruits, braves et religieux, l'Université des professeurs et des instituteurs dignes par leur science et leurs principes des importantes fonctions qu'ils remplissent. il y a même dans la franc-maçonnerie des membres qui ignorent et ne veulent pas le but qu'elle se propose. On a taché d'exposer nettement une situation redoutable afin d'appeler l'attention et le dévouement de tous les Français qui aiment leur pays et afin de provoquer les mesures et les réformes que cette situation réclame; mais on n'a point eu le coupable dessein de blâmer ou de flétrir des personnes qui, par leurs services et leur caractère, méritent l'estime et la reconnaissance de leurs concitoyens. Montrer consciencieusement le mal et indiquer le remède, tel est le but de cette publication.

PRÉFACE

Les flatteurs des peuples ne sont pas moins à craindre que les flatteurs des rois. Tromper les princes, applaudir à leurs vices, leur plaire par de basses condescendances et de mauvais conseils, obtenir ainsi de l'argent, des honneurs, voilà le triste et méprisable rôle qu'ont joué tous les courtisans. Les flatteurs du peuple agissent avec le même égoïsme et encore plus de bassesse. Ils cherchent, par des moyens dont dispose une astucieuse habileté, à exploiter les passions de la multitude dans l'intérêt de leur cupidité et de leur ambition. Le nombre des gens qui souffrent sur cette terre est considérable, la souffrance atteint tous les rangs de la société humaine, mais elle atteint plus sévèrement les classes laborieuses qui formeront toujours la majorité des hommes. Offrir à ces souffrances de trompeurs soulagements et, par de vaines espérances, entraîner ceux qui les supportent à des changements politiques, c'est le but de tous les révolutionnaires.

Le citoyen honnête, qui désire des améliorations possibles, s'oublie lui-même. Par des moyens légitimes, il appelle l'attention des chefs de l'État sur les progrès à opérer. S'ils ne montrent pas tout l'empressement qu'il voudrait, il insiste en éclairant l'opinion et obtient pacifiquement l'utile résultat de ses efforts. La société progresse sans secousses violentes, sans effusion de sang, sans ébranlement de l'ordre social.

Les agitateurs politiques ne connaissent pas ce procédé loyal. Ils ne se présentent pas au peuple avec les dehors de l'intérêt personnel. Ils affectent de ne vouloir que le bonheur de la nation, la suppression des abus, la réparation des injustices, une meilleure répartition des capitaux, des terres et des places; mais sous ces apparences de dévouement au sort de ceux qui souffrent et qui travaillent, d'abnégation de soi-même et de sympathie humanitaire, se cache une ambition égoïste, une avidité insatiable de popularité et de pouvoir.

C'était sous ces dehors que César dissimulait ses projets de dictateur et qu'il gagnait les bonnes grâces du peuple romain en lui distribuant des largesses, en lui offrant des festins et des spectacles de gladiateurs.

César arrive au pouvoir, place ses créatures, paie ses dettes. Le peuple romain en est-il plus avancé ? il n'est pas plus riche, il est plus corrompu et a changé de maître sans changer de fortune.

Il y a dans les sociétés modernes un élément de lumière et de force qui manquait aux sociétés païennes, c'est le catholicisme. Il donne au peuple une certaine élévation dans les idées, un sentiment exact du devoir, une opposition courageuse au désordre moral et au désordre politique. Les révolutionnaires savent très-bien que pendant que le christianisme dirige les esprits, ils rencontrent un double obstacle à leurs projets, la conscience et la raison ; c'est donc aux saintes croyances de la religion du Christ qu'il faut d'abord déclarer la guerre ;

ces croyances troublées ou détruites, la carrière leur est ouverte.

D'un côté ils trouvent à leur disposition des passions ardentes qu'aucun frein ne retient, de l'autre ils sont en présence d'intelligences dévoyées qui ne savent plus distinguer le bien du mal. Il est facile de les tromper par des systèmes d'autant plus attrayants qu'ils sont plus absurdes. Ces systèmes font miroiter devant des esprits qui n'ont plus de gouvernail un état social merveilleux où il n'y aura plus de souffrances, où le travail sera moins long et moins pénible, où les plaisirs seront plus nombreux et plus fréquents.

Entraînés par ces fallacieuses promesses, les peuples s'agitent, se révoltent, renversent les gouvernements et sur les ruines qu'ils ont faites élèvent des parvenus satisfaits sans diminuer leurs souffrances et sans rendre leur situation meilleure. Il n'y a qu'une chose de changée, ce sont les chefs de l'État et le personnel administratif. Les ambitieux ont des places lucratives et le peuple garde la sienne. Une ligue nouvelle se forme, on entend répéter les mêmes accusations, on fait briller aux yeux de la multitude le même avenir de bonheur ; elle se met à l'œuvre, elle détruit encore, entasse de nouvelles ruines, sans jamais pouvoir construire ce palais enchanté où les jours devaient s'écouler calmes, sereins et heureux, dans les jouissances de la fortune et d'une douce oisiveté.

Ce qui rend fort triste la position de ce peuple décatholisé, passant d'une illusion à une autre, c'est qu'il est toujours disposé à prêter l'oreille aux paroles flatteuses et décevantes de ceux qui le trompent, c'est qu'il n'écoute qu'avec prévention et malveillance les hommes qui ont le courage de lui dire la vérité et de l'éclairer sur ses véritables intérêts.

Il aime les mots de liberté, d'égalité et de fraternité, il accueille avec empressement tout orateur ou tout écrivain qui les prononce ou les écrit, et repousse avec indignation l'homme de bien qui lui montre la servitude sous l'apparence de la liberté, la misère sous l'apparence de l'égalité, et sous l'apparence de de la fraternité, la haine, la guerre civile, la persécution. Ces mots ont sans doute un beau sens et de belles applications, mais ce n'est pas dans les convulsions de l'anarchie, dans les sombres profondeurs de l'athéisme que ce beau sens peut se traduire et que ces belles applications peuvent être faites. L'anarchie existe toujours toutes les fois que les esprits ne sont pas éclairés par des vérités supérieures et les consciences dirigées par les lois immuables de la conscience. L'ordre extérieur répugne au désordre intérieur. Il n'existe jamais que lorsque les passions sont soumises et réglées, et on prétend l'établir avec le déchaînement des passions.

Exciter les penchants mauvais, égarer les esprits est donc une œuvre détestable, c'est l'œuvre des révolutionnaires. Celui qui aime vraiment son pays doit lutter courageusement contre les principes funestes qui le troublent, et lors même que sa voix ne trouverait qu'un écho rebelle, il doit parler.

Voilà près de cent ans que cette illustre et antique France est livrée à d'incessantes commotions qui compromettent sa gloire passée, sa sécurité, sa puissance et son avenir; voilà près de cent ans qu'elle est en proie aux guerres du dedans et aux guerres du dehors.

Il y a une cause à ces agitations périodiques, à

cet interminable malaise. Il faut chercher cette cause, il faut l'exposer avec sincérité; il faut indiquer où est le remède.

La France est arrivée à un moment solennel où il est nécessaire de lui dire la vérité. Si elle peut l'entendre, elle refera ses forces presque épuisées, elle reprendra une marche sûre, véritablement et solidement progressive; si elle ne peut pas l'entendre, elle marchera à une ruine certaine, à un abaissement dont elle ne se relèvera jamais.

Des flatteurs intéressés et sans conscience auront beau lui faire de nouvelles promesses, la tromper par de fausses espérances, ils ne feront qu'accélérer sa chute et l'entraîner plus vite dans un abîme sans fond.

Ennemis de Dieu, ennemis de leurs pays, ennemis de tout ce qui est saint et respectable, ils subiront avec leur patrie déshonorée, dégradée, le châtiment de ce Dieu qu'ils nient, mais qui n'abdique pas son pouvoir parce qu'ils l'insultent, et ne laisse pas sa justice inactive parce qu'ils le blasphèment.

LA VÉRITÉ

A LA FRANCE

PREMIÈRE PARTIE

ATHÉISME PRATIQUE

I

CAUSES MORALES DE LA DÉCADENCE

Montesquieu, dans un ouvrage remarquable sur la grandeur et la décadence des Romains, a montré, avec une admirable perspicacité, les causes qui avaient élevé le peuple-roi à un si haut degré de puissance et de gloire, et les causes qui de cette hauteur l'avaient précipité dans un abîme de corruption et de honte. Autant les Romains avaient été illustres dans la première époque de leur histoire, autant ils furent dégradés et méprisables dans la seconde. Les idées religieuses, l'amour et le respect des parents, la pureté des mœurs, le dévouement à la patrie leur donnèrent l'empire du monde ; l'impiété, l'oubli de la famille, le libertinage, l'ambition égoïste ébranlèrent la constitution de l'État, firent éclater les guerres civiles, et préparèrent le joug du despotisme sous les Césars et la ruine finale sous les coups des Barbares.

L'homme, en effet, est un être raisonnable, et agit d'après les idées qu'il a reçues ou acquises. Elles sont les mobiles de ses pensées et de ses actions ; elles ont une influence énergique et inévitable sur son développement intellectuel et moral. Il peut, parce qu'il est libre, admettre une idée ou une autre, mais l'idée une fois admise produit infailliblement ses effets. Il n'est pas en son pouvoir de poser des principes et d'éviter les conséquences pratiques qui en découlent ; connaître ses idées, c'est d'avance connaître sa conduite, comme connaître une force, c'est savoir d'avance la vitesse du projectile. Les anciens n'ignoraient point la puissance des idées sur le développement et la sécurité de l'État, aussi s'étaient-ils appliqués à repousser les idées immorales et impies, et à garantir les citoyens de leur funeste influence.

De nos jours, il y a d'étranges aberrations. Les hommes d'État, les penseurs du temps où nous vivons croient que les idées sont indifférentes, qu'on peut les jeter pêle-mêle dans la société et attendre sans inquiétude un heureux résultat. Ils mettent ou laissent mettre la confusion dans les esprits et prétendent que de cette confusion naîtra un ordre parfait, une admirable harmonie. Eh quoi ! l'homme pourrait s'écarter de la raison, violer les lois de sa conscience et se séparer de Dieu sans s'égarer, comme un astre échappé aux lois de la gravitation, qui irait à travers les espaces, sans direction et sans but !

On ne change pas par des systèmes la nature humaine. Elle est ce que Dieu l'a faite, la vérité l'élève, la perfectionne et l'annoblit ; l'erreur la rabaisse, la corrompt et la dégrade. L'homme qui est dans le vrai marche dans la route que la divine Providence lui a marquée et atteint sa destinée ; l'homme qui est dans le faux s'égare et se perd en s'éloignant du but.

On aura beau vouloir faire un simple animal de cet être privilégié, il sera toujours ce que Dieu l'a fait, un être supérieur portant dans son âme, en traits ineffaçables, l'image divine du Créateur. On pourra l'abaisser. l'abaisser encore, il ne cessera pas d'être homme. Il est vrai cependant que l'erreur et le vice le dépraveront, que les instincts brutaux prendront un empire plus grand sur lui et que son intelligence, au service de ces terribles instincts, le fera descendre à un degré de perversion que la brute ne pourra jamais atteindre. L'animal restera toujours lui-même, l'homme sortira de sa nature et appliquera à la satisfaction de passions sauvages toute l'énergie de son esprit. Il sera plus cruel, plus immoral, plus hideux que l'animal le plus féroce. C'est pourquoi, dans les sociétés civilisées comme dans les sociétés barbares, on rencontre des monstres qui épouvantent. Or, ces montres ce sont les doctrines qui les ont produits. Les coupables sont les écrivains ou les professeurs qui les ont pervertis, à eux remonte la responsabilité des crimes qu'ils commettent contre la société et contre les individus. Tous les hommes, il est vrai, ne subissent pas les idées funestes de la même manière, mais elles pervertissent toujours plus ou moins et ne manquent jamais, les circonstances données, de produire d'affreux ravages. Les révolutions sont les occasions où les cœurs se révèlent, où se montrent au grand jour les pensées mauvaises que la crainte refoulait au fond des âmes. Qu'avons-nous vu dans les jours troublés où nous sommes? un affreux débordement d'athéisme. Les hommes qui sont à la tête du mouvement n'ont pas craint de professer leur croyance au néant par leurs paroles ou par leur silence, et la France entière a retenti de blasphèmes de malédictions, d'outrages à la Majesté divine. Voir comment l'athéisme s'est répandu, voir ses conséquences pratiques est une étude d'un intérêt tout à fait actuel; faire connaître au pays les sources empoisonnées d'où est sortie cette affreuse doctrine et lui montrer la nécessité de l'abjurer, de revenir à la raison et à la foi est l'acte d'un Français qui aime vraiment sa patrie, veut la préserver des plus grands malheurs et lui rendre son ancienne prospérité, son antique gloire, sa haute position parmi les États de l'Europe.

II

PRINCIPES DE 89

Au moment où la Révolution de 1789 éclata, la France instruite, la France dirigeante avait abandonné la foi du passé pour embrasser avec ardeur une philosophie nouvelle et se livrer à tous les excès d'une vie dissolue. Le peuple avait conservé les traditions chrétiennes, les mœurs patriarcales ; peuple croyant, sobre et robuste, il était habitué au travail et aux privations. Il ignorait le luxe et même le confortable ; les systèmes philosophiques qui avaient envahi la société riche et savante n'avaient pas pénétré jusqu'à lui. Il désirait une liberté plus grande, une situation sociale plus digne, l'affranchissement des charges qui pesaient sur lui et une amélioration dans sa vie matérielle: mais il voulait conserver son Dieu et rester fidèle à une religion qui conservait la vertu dans la famille et le consolait dans ses douleurs. Les hommes du mouvement avaient d'autres pensées, ils ne songeaient à rien moins qu'à bouleverser l'ordre politique existant et à supprimer le christianisme. Ils étaient en cela les disciples de deux écrivains qui avaient exercé un immense empire sur les esprits du dix-huitième siècle.

Voltaire était aristocrate par goût, par orgueil et par la fortune qu'il avait acquise. Il aimait peu le peuple qu'il méprisait. Il préférait flatter les grands et les rois, gagner leur amitié et rehausser son nom en entretenant avec eux une nombreuse correspondance. Dans ses terres il était seigneur et en exerçait les droits avec une âpre et cupide rigueur. Homme doué d'un esprit facile, railleur, homme d'un talent qui n'arriva jamais au génie, il haïssait la religon catholique par instinct ; elle ne pouvait s'arranger ni avec son caractère vindicatif, ni avec sa gloire, ni avec ses mœurs. Il lui déclara une guerre implacable. Il se donna la mission sacrilége et antisociale de la détruire par le ridicule, par la conspiration et par la violence. Rien ne fut épargné pour atteindre son but : il eut recours aux falsifications historiques, au mensonge, à la rouerie, à l'hypocrisie même ; sous l'apparence d'une tolérance affectée, il cachait une haine ardente contre l'Église et mettait une persévérance qui tenait de la rage et de la folie à la diffamer, à attaquer ses dogmes, ses institutions et ses ministres. Il se prétendait philosophe sans savoir ce que c'était que la philosophie qu'il confondait avec une incrédulité vaniteuse. Il affirmait le pour et le contre sur Dieu, sur l'âme, sur les devoirs ; à la fois athée, déiste, spiritualiste, matérialiste, en réalité se moquant de tout ce qui est saint et respectable et n'adorant que lui-même, cet homme fut l'oracle de la société frivole de son époque. Elle aimait à lire des ouvrages pleins de traits d'esprit et de sarcasmes. Elle trouvait commode, agréable, une morale qui satisfaisait tous les penchants corrompus de la nature humaine, sans l'effrayer par la perspective de la justice sévère d'un Dieu infiniment saint. Tous les hommes lettrés s'étaient nourris des idées du patriarche de Ferney. Ils avaient puisé dans ses livres le mépris et l'aversion de la religion catholique. Elle était pour eux l'ennemie de la civilisation, du progrès, l'instrument d'une dégradante servitude.

D'une immoralité moins élégante, mais aussi éhontée, d'un esprit moins sarcastique, d'une humeur plus sombre et plus rêveuse, Rousseau eut aussi sa part dans l'incrédulité du dix-huitième siècle. Il nia hautement la révélation et affirma l'omnipotence de la raison humaine. Peu d'accord avec lui-même, il fit passer ses contradictions sous l'éclat du style et accepter ses paradoxes par la hardiesse de ses affirmations. Ses idées politiques, exposées dans le *Contrat social*, trouvèrent de nombreux approbateurs, quoiqu'il n'eût jamais pratiqué le gouvernement, qu'il fût incapable de se diriger lui-même et d'administrer son honteux ménage. L'homme sauvage, venant on ne savait d'où et allant à une but inconnu, plaisait à cette société plongée dans les plaisirs des sens. Elle avait un goût prononcé pour cette indépendance naturelle qui n'est retenue que par les lois qu'elle se fait à elle-même et qu'elle change selon ses caprices et les circonstances. Ainsi, d'un côté le dix-huitième siècle avait horreur du catholicisme, de l'autre, il était épris des idées politiques du citoyen de Genève.

Les députés qui se réunirent à Versailles en 1789 étaient pour la plupart des disciples de Voltaire et de Rousseau. Ils étaient décidés à ne tenir aucun compte des vœux exprimés dans les cahiers que les électeurs leur avaient remis à leur départ, mais à réformer religieusement la France en supprimant la religion, et à la réformer politiquement en supprimant le trône.

Les principes de 89 sont l'expression de ces deux projets dans tout ce qu'ils ont de philosophique, la partie chrétienne, qui est la partie vraie, y est entrée à leur insu.

L'homme est déclaré indépendant et n'est sujet que de lui-même. C'est la négation indirecte de Dieu. Si Dieu existe en effet, l'homme étant sa créature, dépend nécessairement de lui sous le rapport religieux et sous le rapport politique; si, au contraire, l'homme a une pleine indépendance, Dieu n'existe pas. Il est son maître, son législateur; il peut à chaque instant modifier ses obligations ou les supprimer.

De ce principe résultent d'importantes et redoutables conséquences. Il n'y a pas de droit supérieur à l'homme, il n'y a que le droit humain, en d'autres termes, il n'y a que le droit de la force. C'est ce droit qui est reconnu et consacré par les principes de 89, c'est à leur rigoureuse application que sont dûs les malheurs de 93. Robespierre ne réclame point le meurtre de Louis XVI comme la punition d'un crime, mais comme une mesure politique; par mesure politique la France fut inondée de sang et couverte de ruines. L'indépendance de l'individu, relativement à Dieu, auteur et protecteur du droit, entraîne forcément la dépendance de l'individu relativement à la multitude. Aussi la plupart des lois de la Révolution sont injustes au point de vue d'une justice supérieure et entachées d'une horrible violence; mais comme expression de la force, elles sont des lois irréprochables, car c'était la force qui les faisait et la force qui les mettait à exécution. C'est le despotisme constitué de la manière la plus atroce.

On proclame la liberté des cultes ; mais les chefs de l'État sont impies et armés de la force ; ils persécutent les catholiques, pourchassent les prêtres et les immolent sur les échafauds. On proclame la liberté de penser ; mais on punit de mort quiconque ne pense pas comme les maîtres de la nation. On proclame la liberté personnelle ; mais on emprisonne par vengeance et par caprice : tel est le droit de 89, droit qui a fait en France des ravages immenses et presque irréparables.

Et qu'on ne dise pas que les actes sauvages des oppresseurs du pays étaient en contradiction avec les célèbres principes. L'indépendance absolue de l'homme supprime le droit de Dieu, et le droit de Dieu supprimé, il ne reste que le droit de la force, droit qui prime sur toutes les libertés et toutes les garanties individuelles. En effet, les libertés et les garanties n'ont de valeur qu'autant qu'elles sont protégées. Du moment qu'elles n'ont pas la force pour elles, elles n'existent plus et la victime n'a pas le droit de réclamer, elle subit la conséquence du principe.

Nous avons en France une manie singulière. Nous admettons en théorie des doctrines déplorables, parce qu'elles ont un côté qui plaît à nos idées ou à nos passions, et nous prétendons en tirer à notre gré les conséquences. L'indépendance est un mot magique ! Quoi de plus beau que d'être indépendant ! Mais vous ne faites pas attention que vous n'êtes pas seul, et que le jour où vous vous trouverez en face d'une indépendance plus forte que la vôtre, vous serez obligé de la subir, et que, cessant alors d'être indépendant, vous serez esclave ou victime.

Disons-le donc de nouveau, les républicains de 93 ne firent qu'appliquer logiquement leurs principes en exerçant sur la nation française un affreux et sanglant despotisme. Si quelques-uns admettaient Dieu en théorie, ils ne le reconnaissaient pas en pratique ; ils ne reconnaissaient en fait que la souveraineté du peuple, c'est-à-dire leur souveraineté.

S'ils avaient admis Dieu pratiquement, ils n'auraient pas admis une souveraineté du peuple, indépendante de de lui ; ils n'auraient pas commis tous les excès, tous les crimes qui ont souillé leur gouvernement.

Nous sommes dans cette triste condition, dans la condition de l'athéisme pratique et de là sont venus tous nos malheurs.

En proclamant la liberté des cultes, la Révolution ne se proposait que de battre en brèche la religion catholique par les cultes dissidents et par des systèmes impies ; en proclamant la liberté de penser, elle ne voulait que la liberté d'attaquer l'Église et de la détruire. Ces libertés n'ont pas eu jusqu'ici d'autre but et d'autre emploi.

La Révolution de 89, c'est l'athéisme pratique, athéisme dans le droit des gens, athéisme dans le gouvernement, athéisme dans la société, athéisme dans la famille, athéisme dans l'éducation, athéisme dans les sciences et dans la littérature. Cette appréciation parait injuste et sévère, le lecteur jugera.

III

DROIT DES GENS

La philosophie moderne a nié la création de l'homme par le Dieu tout-puissant. Parmi les docteurs qui, dans les chaires, les livres ou les Revues, dirigent les idées de la nation, les uns ont soutenu que l'homme n'était pas un animal supérieur dans l'origine et qu'il était le produit d'un développement successif survenu dans les animaux d'un ordre actuellement inférieur; les autres, sans traiter la question d'une manière aussi explicite, ont prétendu qu'il y avait sur la terre diverses races d'hommes comme il y a diverses races d'animaux, et que l'espèce humaine, apparue on ne sait comment sur le globe, ne descendait pas du même couple primitif. Dans l'un et l'autre système, les hommes ne forment pas une seule famille, qui s'est répandue dans la suite des siècles sur la surface de la terre, ils n'ont pas un père commun et ne remontent pas à Dieu créateur et législateur suprême. Leurs relations ne sont plus des relations de frères à frères, établies sur des droits imprescriptibles et immuables, mais des relations qui n'ont d'autre règle que les passions servies par la force brutale.

Les peuples n'ont point une existence isolée. Ils ont à régler entre eux les questions de frontières, de commerce, de rapports mutuels, de paix et de guerre. Ces questions sont l'objet de traités solennels qui les lient, comme les contrats lient les individus dans la société civile. Mais quelle est la valeur de ces traités? D'après les principes que nous venons d'exposer, ils n'obligent que pendant que la force les rend obligatoires. La guerre peut être déclarée sans motif et le vainqueur n'est tenu à aucun respect, à aucune justice, à l'égard du vaincu. Frédéric II, roi de Prusse, a le premier hautement proclamé et mis en pratique ce droit nouveau, inconnu aux siècles chrétiens et renouvelé du paganisme. Sans doute, les rois, pour le malheur des peuples, avaient souvent agi avec la même indépendance morale, mais ils n'avaient osé l'afficher à la face du monde et les traités portaient toujours en titre le nom adorable de la sainte Trinité comme garant de la bonne foi des parties contractantes.

Ce roi philosophe, cet ami de Voltaire, sans religion, sans mœurs et sans honneur, ne craignit pas de professer une doctrine différente, de la mettre effrontément en pratique et de la léguer comme un héritage à ses futurs successeurs. Le souverain, d'après lui, qui a signé un traité désavantageux, n'est tenu de l'observer que pendant qu'il ne peut pas le rompre, et, dans l'intérêt de son ambition, il doit, par tous les moyens, agrandir ses États aux dépens de ses voisins.

La Révolution n'avait pas d'autres principes, et Napoléon Ier qui l'organisa à son profit, n'était pas plus réservé qu'elle sur la valeur des traités. L'empereur déchu, imitateur trop fidèle du despotisme de son oncle, faisait aussi peu de cas que son illustre et immortel prédécesseur, de l'obligation des conventions internationales. Pour lui, les traités de 1815 et tous les autres traités sur lesquels reposait la paix de l'Europe étaient non avenus. Le respect qu'il leur devait c'était de ménager les circonstances et de choisir le moment favorable pour les fouler aux pieds. Le roi de Piémont avait avec les autres souverains de la péninsule italique des engagements sacrés. Il ne pouvait, sans raisons valables, rompre la paix et envahir leurs États, et cependant, sans déclaration préalable de guerre, il a chassé les princes légitimes par la ruse, la trahison, la force des armes sous les auspices de l'empereur des Français, et reculé ainsi les limites de son royaume, trop resserré pour son ambition.

Qui a élevé la voix contre cette violation flagrante et audacieuse du droit des gens ? Les souverains de l'Europe ont applaudi à ce brigandage et ont reconnu solennellement le nouvel État. En France, les journaux, les Revues, les orateurs ont comblé d'éloges le royal spoliateur. Au Corps législatif, au Sénat, quelques voix isolées ont protesté, mais l'immense majorité des deux assemblées a répondu aux notifications éhontées du maître, comme les vils sénateurs de Rome répondaient aux notifications de Tibère par une éclatante et servile approbation. Les Français, encore loyaux, se demandaient, le rouge au front, si c'étaient bien là des enfants de cette patrie autrefois si fière de son honneur et de sa bonne foi, de ce royaume qui avait été gouverné par Jean le Bon et par saint Louis, et reportant leurs pensées au dix-huitième siècle et à la Révolution, ils constataient avec amertume les ravages faits dans les âmes et les consciences par l'incrédulité voltairienne et par les principes de 89. Cette approbation du brigandage, du vol, de la violation des traités, était la négation de Dieu et de la justice, la profession publique de l'athéisme.

Un seul homme, un seul souverain a pris en main la défense du droit, a protesté hautement contre les actes du gouvernement piémontais, c'est le représentant du Christ, le vicaire de Pierre, le pape Pie IX, et sa protestation a été accueillie par les uns avec un sourire de pitié et par les autres avec des insultes. Aujourd'hui il est lui-même victime de l'ambition criminelle du roi subalpin. Ce monarque, lorsque le pape était tranquille dans ses États, lorsqu'aucune injure ne lui avait été faite, aucun motif de guerre ne lui avait été donné, s'est jeté avec son armée sur le territoire qui restait encore au chef de l'Église, a attaqué avec le canon les remparts de la capitale du monde catholique, a pénétré par la brèche et s'est emparé violemment de Rome. Les ambassadeurs se sont tus ou ont hautement approuvé l'invasion ; tous les journaux, la presse catholique excepté, depuis les feuilles les plus élégamment rédigées jusqu'aux feuilles les plus stupidement et les plus grossièrement révolutionnaires, ont prodigué à l'auteur de cet inqualifiable attentat les plus chaleureuses félicitations. Il s'agissait, il est vrai, d'un coup préparé de longue main, qui devait renverser l'Église et couvrir l'univers de ses ruines.

Et cependant, les honnêtes citoyens qui sanctionnent un semblable droit des gens n'entendent pas que le socialisme touche à leurs bourses et à leurs propriétés. Mais s'il est permis d'envahir un État voisin, sans justice, par la force des armes, et de s'en emparer, pourquoi serait-il défendu d'envahir la fortune d'autrui et de se l'approprier ? S'il n'y a pas de droit des gens, il n'y a pas de droit civil, tout se réduit entre les États et les citoyens à une question de force. La raison est aujourd'hui tellement troublée, tellement hors d'elle-même, que les approbateurs, d'ailleurs intelligents des hauts faits du roi d'Italie, ne peuvent pas voir des conséquences si évidentes et si incontestables.

Ainsi à l'époque où nous vivons, les chefs des États, les philosophes, les publicistes propagent et appliquent des principes qui impliquent le pur athéisme. Il n'y a donc pas à s'étonner que le successeur de Frédéric II ait agi comme il l'a fait à l'égard du Danemark, de l'Autriche et du Hanovre. Il est conséquent aux théories de son prédécesseur, au droit public révolutionnaire, et avec de vaines et hypocrites formules de piété il peut exercer le droit de la guerre comme il l'exerce en France. Il est le plus fort : la victoire jusqu'à présent due, non à la valeur de ses soldats, non à l'habileté de ses généraux, mais au nombre de ses régiments et de ses canons, a placé sous sa main de fer une partie considérable du territoire français. Il est juge de la manière dont il traite les départements envahis. Accabler les habitants de réquisitions, de logements militaires, prendre leurs meubles, leur linge, leurs effets précieux, leur argent, leurs aliments pour enrichir l'Allemagne, fusiller par caprice des citoyens qui refusent de trahir leur pays et veulent le défendre, obliger les notables à se placer sur les machines avec les chauffeurs, les transporter en Allemagne, bombarder, incendier, ruiner des villes ouvertes, porter partout la désolation, agir partout avec une cruauté inouïe et une cupidité insatiable; enfin immoler un million d'hommes pour ajouter à ses États deux départements et mettre sur sa tête la couronne sanglante de l'Empire, n'est-ce pas le droit de la force, n'est-ce pas le droit de Nabuchodonosor, de César et de Tamerlan, n'est-ce pas le droit dont Victor-Emmanuel use à l'égard du Souverain-Pontife ? Pourquoi l'un serait-il coupable quand l'autre est innocent, pourquoi l'un serait-il digne de blâme quand l'autre est digne d'éloge? Serait-ce parce que la France est la France, et que Rome est Rome?

Qu'ont-ils à lui objecter, nos politiques, qui ont renié le Christ, auteur du droit chrétien, qui l'ont chassé du monde moderne et ont mis à sa place une civilisation panthéiste, matérialiste, c'est-à-dire athée ? Qui avait introduit dans le monde le droit du vaincu? le Christ. Qui l'avait soutenu contre les passions sauvages des barbares ? Qui l'avait opposé à l'ambition et à la cruauté des rois ? Qui avait fini par le faire pénétrer dans tous les États et dans toutes les cours ? le Souverain-Pontife. Qui avait proclamé et fait accepter comme dogme de foi la paternité de Dieu et la fraternité des hommes et des peuples? N'est-ce pas le catholicisme? N'est-ce pas lui qui avait pris partout la défense du faible et de l'opprimé, qui avait appelé les nations à se liguer au besoin contre un conquérant barbare pour l'obliger à suspendre l'effusion du sang et à mettre un terme au carnage et à la conquête? Eh bien! vous avez employé tous les moyens en votre pouvoir pour expulser le Christ de l'Europe, pour asservir son Vicaire, pour l'humilier et le réduire à l'impuissance, pour décatholiser les âmes, les corrompre et les énerver, et vous vous étonnez de voir revivre en pleine civilisation le droit inhumain des anciens ravageurs du monde, de voir ce droit proclamé et exercé par le peuple le plus philosophe et le plus instruit de l'Europe? Ce qui étonne, c'est votre étonnement. Socrate, Platon et Aristote étaient sans aucun doute des philosophes aussi éclairés que vous. Ont-ils jamais réclamé contre le droit de la guerre tel qu'il s'exerçait de leur temps, et s'ils avaient réclamé, aurait-on mieux écouté leurs conseils et leurs protestations qu'on n'écouta leurs leçons philosophiques qui n'eurent jamais la moindre influence sur la moralité de leurs concitoyens? Il ne fallait qu'avoir du bon sens pour prévoir que le Christ exclu des sociétés, les passions restaient sans frein et devaient jouer de nouveau le triste rôle qu'elles ont joué dans l'histoire païenne. Vous n'êtes pas assez forts pour les enchaîner, croyez-le bien, et le catholicisme supprimé, vous verrez la barbarie remplacer la civilisation chrétienne.

IV

L'ÉTAT

Si Dieu existe, il est le créateur de l'homme et de l'univers ; toute la création lui appartient et il a sur elle un domaine souverain. L'homme lui doit son âme, son intelligence, son cœur, son corps et ses biens. Il ne peut disposer ni de lui-même, ni de sa fortune, que conformément à la volonté du Créateur. La religion renferme à la fois ce que l'homme doit croire sur Dieu et les devoirs qu'il doit lui rendre. Dieu ne saurait être indifférent aux pensées de l'homme sur sa nature et sur ses perfections, il ne saurait pas davantage laisser à ses caprices le culte qui lui est dû. Il est la vérité même, l'erreur lui déplaît en toutes choses ; mais l'erreur sur son être infiniment juste, infiniment saint, infiniment parfait, lui est encore plus odieuse. La vérité dans le dogme est donc à ses yeux la vérité la plus importante ; la vérité dans le culte qui n'est au fond que l'expression du dogme est nécessairement exigée avec la même rigueur par cette éternelle et adorable Majesté : le gouvernement, sur cette question capitale d'où dépend en dernier résultat l'ordre de l'État, peut s'en préoccuper avec toute la sollicitude qu'elle mérite ou se tenir entièrement à l'écart. Dans le premier cas il suppose que la religion n'est indifférente ni pour l'Être infini, qui en est l'objet, ni pour la paix et la prospérité de la nation ; dans le second, il suppose le contraire. Gouvernement religieux, il déclare sa foi, il ne persécute pas les religions tolérées différentes de la sienne, mais il affirme ce qu'il croit et conforme sa conduite à sa croyance. Les citoyens reçoivent de la profession de foi du gouvernement et de ses exemples une influence salutaire. On ne presse pas sur leurs consciences, mais on les édifie, et les lois portent l'empreinte des sentiments religieux du législateur. Tous les gouvernements du passé et du présent, excepté les gouvernements fondés sur les principes de 89 ont suivi cette sage conduite. Ils ont pu l'excéder en usant de moyens violents à l'égard des autres confessions, mais l'abus ne prouve rien contre ce qui est en soi raisonnable et légitime.

Les gouvernements qui se sont inféodés aux principes révolutionnaires ont déclaré que pour l'État la religion était chose indifférente et par là même que pour eux Dieu n'existait pas. Comme gouvernement ils n'ont pas de croyance, pas de religion, c'est-à-dire pas de Dieu. Ils ont cependant maintenu avec les cultes du pays certaines relations. Aujourd'hui, on propose de les supprimer en séparant l'Église de l'État, en d'autres termes, en séparant Dieu de la société, afin que l'athéisme politique soit proclamé d'une manière plus nette et plus accentuée. Cette séparation peut-elle exister ? en fait elle est impossible. La religion, malgré le mépris qu'on affiche, se mêle à trop d'affaires, a une action trop étendue sur les âmes, pour qu'on lui laisse sa liberté. L'État athée est le plus astucieux et le plus violent des persécuteurs, il hait la religion, et aucun frein ne le retient. Nous connaissons la tolérance de 93 et nous avons déjà de nombreux spécimens de la tolérance de 1870. Paris, Lyon, Marseille, Bordeaux et beaucoup d'autres villes nous ont donné la mesure de la liberté qu'on nous promet. L'impie ne tolère pas Dieu ; cela est impossible.

La persécution sourde, machiavélique ou la persécution éclatante, voilà la première conséquence de l'athéisme politique. Il en est une autre qui n'est pas moins funeste. Les peuples se font à l'image des gens qui les gouvernent ; or, quand une nation sait que ses chefs regardent toutes les religions du même œil, qu'ils ont pour les unes et les autres la même indifférence ou plutôt le même mépris, elle ne tarde pas de marcher sur leurs traces, d'abjurer toute foi positive et de ne croire plus à rien si ce n'est à ses passions et à ses intérêts. Il se fait alors dans les âmes d'effroyables ravages et dans les consciences un étrange bouleversement.

Si Dieu est créateur de l'homme, il est aussi Providence. Il a donné à sa créature de prédilection sur cette terre la pensée, le langage, un penchant invincible pour la société que le langage facilite et que le langage exige. A quoi servirait, en effet, la parole, si l'homme était solitaire, s'il ne devait pas communiquer à ses semblables ses idées et ses impressions. Mais une société ne peut pas exister sans un pouvoir qui la dirige, qui la protége et qui fasse converger vers l'intérêt et le bonheur commun les volontés et les actes des individus. Le pouvoir est donc de nécessité sociale et d'institution divine. La Révolution a prétendu qu'il ne venait pas de si haut et qu'il était une délégation de chacun des membres de la société. Elle a déclamé avec fureur contre tous les écrivains religieux qui affirmaient le droit divin, c'est-à-dire l'origine divine du pouvoir, sans contester aux peuples le droit d'instituer les gouvernements qu'ils jugeaient convenir le mieux à leur caractère, à leurs mœurs et à leurs intérêts. Elle a écarté Dieu du gouvernement des sociétés et n'a reconnu que la souveraineté du peuple, c'est-à-dire l'athéisme en politique.

Cet athéisme a un double et immense inconvénient; car si d'un côté il donne aux peuples le droit de désobéir aux lois et de s'insurger contre la puissance publique, il donne à celle-ci le droit de l'opprimer, il produit inévitablement l'anarchie ou le despotisme. En effet, si le peuple est souverain, il ne dépend que de lui-même, il ne dépend pas de Dieu, il ne dépend pas davantage du pouvoir qui gouverne. Il n'est point obligé d'obéir en conscience aux lois de l'État, la souveraineté attachée à sa nature est inaliénable; il peut consentir à obéir, c'est une simple concession volontaire qu'il fait, ce n'est pas une obligation, et cette concession il lui est libre de la retirer quand il veut.

Pour éviter une anarchie perpétuelle, le pouvoir a recours à deux moyens qu'il emploie séparément ou tous deux à la fois : il effraie et il corrompt, il opprime et il démoralise. Il n'est responsable que devant le peuple de la manière dont il agit, dès lors tout ce qui le maintient, tout ce qui le consolide est licite; la mesure du juste et de l'injuste, c'est sa conservation. On a l'air de consulter ce pauvre peuple souverain, on le flatte, on l'amuse, on l'enchaîne, on l'exploite, et l'on n'a pas d'autre règle de conduite que des caprices personnels.

Depuis 1789 s'est-on beaucoup occupé des aspirations du peuple français et de ses opinions. On a fait des Constitutions qu'on lui a imposées sans examiner si elles répondaient à ses besoins ; on a fait des lois sans tenir compte de ses véritables intérêts. Il a passé, sans le demander et sans le vouloir, dans l'espace de moins de cent ans par toutes les formes de gouvernement, victime patiente des idées plus ou moins applicables, plus ou moins extravagantes d'une succession non interrompue d'utopistes ambitieux. Sous les apparences de la liberté, les législateurs de l'Assemblée nationale, de la Législative et de la Convention imposèrent au pays leurs systèmes et leur sanglant despotisme. Le premier empire, quoique moins cruel, n'en fut pas moins le règne de l'arbitraire et de l'absolue volonté d'un maître qui disposait de l'argent et du sang des citoyens selon les caprices de son orgueil et de son ambition. La Restauration, vraiment libérale et vraiment honnête, succomba sous la conspiration persistante des hommes qui ont jeté la France sur la pente de l'abîme où elle roule maintenant. Ils avaient justifié tous les crimes de la Révolution, ils en avaient adopté les doctrines et ils voulaient les faire pénétrer de plus en plus dans l'esprit et les institutions du pays. A eux la responsabilité des malheurs qui nous accablent dans ce moment. Le roi Louis-Philippe, fils d'un prince régicide, conspirateur hypocrite et sans cœur, fut le monarque de leur choix et inaugura cette royauté bourgeoise, égoïste et cauteleusement impie qui succomba sous son principe par la révolution de février. Avec le second empire, la France entra en plein césarisme, la domination d'un homme par le concours d'une multitude inintelligente. Tous ces gouvernements avaient des théories politiques et religieuses préconçues qu'ils faisaient subir au pays sans consulter ses sentiments. Ils se sont efforcés de faire la nation à leur image au lieu de s'inspirer de ses idées et de répondre à ses véritables aspirations. Le despotisme amène la centralisation, parce qu'il tient à diriger toutes les pensées, tous les actes des citoyens, à présider à tous les mouvements. Il veut et il entend que tout le monde veuille comme lui. De là ce nombre incalculable de lois, de règlements administratifs qui ne laissent aucune initiative à l'individu et qui l'enchaînent à chaque pas qu'il fait.

Nous avions, avant la Révolution, des libertés provinciales, des libertés communales, des libertés individuelles. Elles ont à peu près été toutes supprimées au profit de l'État, espèce de monstre qui absorbe toutes les pensées, toutes les volontés, et qui les dirige à son gré par une impulsion mécanique à laquelle tout obéit dans la vaste étendue du territoire. Si la France avait été consultée, aurions-nous eu toutes les lois oppressives de la Convention? Le sang de Louis XVI aurait il été répandu? Eussions-nous eu cet ensemble d'institutions et de règlements qui de tous côtés nous accablent comme de lourdes chaines accablent et meurtrissent les membres d'un captif? La religion, la liberté du père de famille auraient-elles été foulées aux pieds? Non, certainement non. Si la France eut été consultée, la guerre d'Italie, source de nos désastres n'aurait pas eu lieu ; la Prusse ne se serait pas unie avec l'Italie pour abattre l'Autriche ; le pangermanisme serait resté dans les cartons de Guillaume, et nous n'aurions pas éprouvé de terribles et honteux échecs.

Mais ainsi vont les gouvernements issus de la souveraineté du peuple. Ils sont ou despotiques ou corrupteurs, et ordinairement ils font marcher de front le pouvoir absolu et la corruption ; ils ne peuvent se maintenir qu'en s'appuyant sur ce double support, la force religieuse et morale, Dieu, leur faisant défaut. Au moindre revers, à l'occasion quelquefois d'un événement en soi insignifiant, ils tombent sous les coups des conspirateurs, ou plutôt ils s'effondrent dans la boue sur laquelle ils reposaient. Nés de la révolte, ils périssent par la révolte ; nés de l'impiété et de l'immoralité, ils trouvent leur perte dans le principe qui les a produits.

Nous venons d'avoir un mémorable spécimen du despotisme césarien, fruit nécessaire de la souveraineté du peuple, excluant la souveraineté de Dieu. Un César hypocrite, un ignoble sectaire s'était emparé du pouvoir et prétendait régner au nom du peuple. Exploitant les souvenirs du premier Napoléon, il faisait sur cette pauvre France, patiente comme une victime, l'essai de toutes les utopies qu'il avait rêvées dans les caves des sociétés secrètes. Jamais homme n'eut plus d'idées étranges, de plus funestes théories, et jamais homme ne trouva plus de bas et d'humbles serviteurs dans cette nation si fière et si indépendante. C'est qu'avec la religion avaient disparu les caractères chevaleresques, l'honneur, le désintéressement, l'amour de Dieu et de la patrie. Il voulait commander en maître et corrompre pour régner. Il eut à son service plus d'orateurs, plus d'écrivains, plus d'agents de corruption qu'il n'en fallait pour consommer son œuvre de démoralisation. Tous se mirent à l'œuvre avec un ensemble merveilleux et une infatigable activité pour exciter le goût des plaisirs, la cupidité, répandre le luxe et les mauvaises mœurs, et provoquer jusque dans les moindres villages de honteuses saturnales. L'armée se dégradait comme la nation; César n'entendait autour de lui que des murmures flatteurs; dans les tribunes publiques on encensait son génie; dans les palais on se prosternait à ses pieds en recevant l'or de la servitude; les villes avaient été démolies et reconstruites. Comme du temps de Néron, des rues, des monuments devaient porter son nom aux générations futures. La richesse s'était accrue; la prospérité nationale était à son comble; mais César et les siens avaient oublié qu'il n'y a pas d'édifice social solide sans Dieu, qu'il n'y a pas de prospérité durable sans mœurs, et un jour, César et les siens se sont effondrés, et le peuple souverain qui les avait acclamés a renversé leurs statues, peut-être, hélas! pour en ériger d'autres sur le même piédestal, destinées au même sort.

V

LA SOCIÉTÉ

Un gouvernement exerce toujours sur un peuple une influence considérable, surtout quand il s'efforce, comme en France, de faire la société à son image. Les idées que propage l'action administrative progressent rapidement et pénètrent en même temps la nation toute entière. Les lois, les règlements en sont empreints, les exemples les traduisent en faits. C'est un liquide qui se répand dans tous les pores du vase qui le renferme. Du moment que par tous les moyens dont dispose l'État, on a dit à un peuple : « Tu es le maître de tes idées et de tes actes, tu es souverain et tu n'as de responsabilité que vis-à-vis de la loi si tu est le plus faible et vis-à-vis de toi si tu es le plus fort, » la pensée de Dieu disparait.

Il faut diviser la société française en deux classes, les incrédules et les fidèles. Les incrédules nient l'existence d'un Dieu personnel ou seulement la révélation. Dans la pratique, ils agissent comme si Dieu n'existait pas. Tous admettent Dieu chacun à sa manière, les uns le Dieu nature, les autres le Dieu matière, les autres le Dieu esprit.

Les panthéistes croient que Dieu est tout et que tout est Dieu. Dieu se développe dans la matière et dans les esprits ; il est composé de tous les êtres qui existent et existeront. Il n'y a ni bien ni mal, ni crime ni vertu, car Dieu pensant et agissant partout, les actes quels qu'ils soient sont des actes divins. L'assassinat, le vol, la fornication, l'adultère, la fourberie, le mensonge, sont dignes d'éloges et méritent même l'adoration. Une société qui s'inspirerait de cette épouvantable philosophie offrirait au monde le plus hideux et le plus horrible spectacle, et cependant elle est professée par beaucoup d'hommes, en France, surtout par les savants, les idéologues et plusieurs membres des Facultés.

Les panthéistes prétendent que l'esprit et la matière ne forment qu'une seule substance, la substance divine, les matérialistes nient l'esprit et n'admettent que la matière. Tout est matière dans l'univers, tout est composé de parties, tout se dissout, se décompose et se recompose dans une suite multipliée de changements. L'âme humaine n'est pas différente du corps qu'elle anime et qu'elle meut, elle est un organe comme le cœur, l'estomac. L'homme est un animal comme les autres animaux, il ne se distingue d'eux que par une organisation plus parfaite, organisation qui ne lui donne pas une destinée plus élevée. La morale des matérialistes est évidemment la même que la morale des panthéistes. Le matérialisme est fort répandu parmi les médecins, les ouvriers et les habitants des campagnes, où la foi catholique a presque disparu. Comme ces hommes grossiers ont constamment sous les yeux des animaux qui ont les mêmes besoins physiques et que leur pensée ne s'élève pas aux besoins de l'intelligence et du cœur, ils voient leurs semblables dans les brutes et ne s'imaginent pas avoir d'autre but que celui de leur ressembler et de subir leur sort. C'est parmi les matérialistes qu'au moment des révolutions, on rencontre ces êtres abrutis et cruels qui se livrent aux plus honteux excès et qui aiment l'effusion du sang et les horreurs du carnage.

Le déisme est une forme particulière de l'athéisme. Cette définition paraît être une calomnie, elle est néanmoins parfaitement vraie. Croire que Dieu existe ne suffit pas. Cette croyance, pour être sérieuse et efficace, implique des relations de Dieu à l'homme et de l'homme à Dieu, elle implique la prière, l'adoration, le culte public, les récompenses et les peines d'une vie à venir. Or, les déistes ne prient pas. Ce serait s'abaisser que de fléchir les genoux devant la Majesté suprême ; elle sait d'ailleurs nos besoins si toutefois elle s'en occupe et y pourvoira d'elle-même sans notre intervention. Ils n'adorent pas, c'est-à-dire que par des actes formels de soumission, ils ne reconnaissent pas son domaine absolu sur les créatures et ne lui rendent pas un hommage souverain. Ils ne pratiquent aucun culte particulier ni aucun culte public, et ne prononcent le nom de Dieu que par manière de conversation ou pour le profaner. Dieu pour eux c'est un fétiche relégué à l'extrémité des cieux, c'est un père de famille dont les enfants ne nient pas l'existence, mais qu'ils laissent dans une maison solitaire sans jamais penser à lui, sans jamais lui témoigner leur amour par une visite, leur vénération par des paroles reconnaissantes et respectueuses. Leur morale est en conséquence de leur piété, elle est facile, elle est large et peu embarrassante. Elle admet par intérêt le respect de la propriété d'autrui tout en étant peu scrupuleuse sur les moyens de faire habilement fortune. Elle ne réprime ni l'avarice, ni la prodigalité, ni la haine, ni l'immoralité discrète et quelquefois éhontée. Elle est plutôt une morale d'ornement extérieur, de bon goût, qu'une morale sérieusement obligatoire. Aussi la sanction supérieure aux lois humaines n'est pas redoutable. Dieu est bon, il ne proscrit pas les satisfactions de la nature qu'il a faite, ou s'il les condamne dans certains cas, c'est avec une admirable débonnaireté : on peut en toute tranquillité vivre dans l'adultère comme Voltaire ou dans le concubinage comme Rousseau, mettre ses enfants à l'hôpital pour se débarrasser du soin de les nourrir et de leur donner une carrière et se présenter fièrement devant le Juge éternel en lui disant : « Connais-tu quelqu'un de meilleur que moi. »

Le déiste, du reste, n'est pas entièrement assuré de la vie à venir, et s'il y croit il ne sait point ce qu'elle peut être et n'y attache qu'une importance très-secondaire. La vie présente, aussi matériellement heureuse que possible, est pour lui comme pour l'athée la vie réelle, la vie qui doit être l'objet de tous ses soucis, le but de ses pensées et de ses travaux. Demandez-lui quand il est pensif, si c'est l'éternité qui le préoccupe, jamais ; demandez-lui quand il s'agite, quand il se tourmente, quand il remue le ciel et la terre pour s'ouvrir le chemin des honneurs, ou arriver à la fortune, s'il y a dans son cœur un mouvement vers des espérances supérieures, jamais. En santé, il pense à jouir des biens de la terre, dans la maladie, il pense à se guérir et s'il meurt, c'est en jetant un regard de regret sur la vie qu'il quitte, mais jamais un regard d'amour vers la vie qui l'attend au-delà de la tombe. Matérialisé par ses goûts, par ses occupations, par ses plaisirs et ses aspirations, il n'a pas pu s'élever à l'idée d'un bonheur où la matière n'entre pour rien. Il diffère en théorie des panthéistes et des matérialistes, mais en pratique il a les mêmes idées et la même conduite et son Dieu spéculatif ne le gêne et ne le préoccupe pas plus que le non-Dieu des athées.

La société française, sauf les catholiques, appartient à ces classes de philosophes qui sont nombreux et comptent des adhérents dans les villes et dans les campagnes, dans les villes surtout. Aussi quand un malheur public frappe la nation, il n'y a que les catholiques qui pensent à la Providence et lèvent les yeux et les mains au ciel pour fléchir la justice et appeler la miséricorde. Les autres, irrités ou stupéfaits, se livrent aux transports d'une colère insensée ou à l'accablement de la peur. Ils sont comme un animal sans intelligence qui rugit ou tremble sous le fouet qui l'atteint. C'est le triste spectacle que nous avons aujourd'hui devant nous, spectacle plus humiliant que nos défaites.

Cette société est donc ou formellement athée ou pratique l'athéisme. Nous verrons la douloureuse confirmation de cette désolante vérité dans les considérations qui suivent.

VI

L'ARMÉE

La civilisation de 89 a rendu nécessaires des armées considérables. A l'intérieur des passions menaçantes pour l'ordre social fermentent dans tant d'esprits égarés et de cœurs pervers, qu'il faut, pour les comprimer, une force puissante, toute matérielle, la force du sabre et du canon. Elle seule peut, dans une société athée, maintenir l'ordre public et garantir l'honneur et la fortune des familles. Le nombre des soldats doit être en raison des passions sauvages et désorganisatrices qui menacent la sécurité de l'État et ce n'est pas trop d'armer dans certains cas tous les citoyens. Pendant que dans une nation, devenue un camp, la majorité aura intérêt au maintien de l'ordre, la majorité sera victorieuse et la minorité opprimée, mais le jour où la guerre civile sera avantageuse au plus grand nombre, l'anarchie armée envahira l'État.

Les armées nombreuses sont encore nécessaires, parce que les peuples sont les uns à l'égard des autres dans la même situation que les citoyens d'un royaume ou d'une république. Ils n'ont plus entre eux que des liens d'intérêt, liens si frêles qu'ils ne peuvent résister aux susceptibilités de l'orgueil national, aux haines de races, à l'orgueil, à la soif des conquêtes. L'Europe aujourd'hui n'est qu'un vaste champ de bataille. Dans chaque pays tous les habitants doivent être soldats et former d'immenses multitudes armées. La Prusse, puissance protestante et philosophique, a la première donné ce spectacle au monde. La France révolutionnaire l'imita en 93 et établit la conscription. Le service militaire auparavant était libre pour le peuple, il n'était obligatoire que pour la noblesse. Les armées comptaient peu de soldats et comme elles étaient à peu près égales chez les belligérants, la lutte ne s'engageait qu'entre des troupes peu nombreuses et les querelles se vidaient sans répandre des torrents de sang.

La Convention avait déclaré la guerre à la France et à l'Europe; elle avait besoin d'innombrables soldats pour opprimer à l'intérieur les citoyens qui ne voulaient pas se soumettre au joug de ses idées et de ses folies et pour lutter contre l'étranger épouvanté par ses doctrines et ses crimes. Le despotisme s'imposant par la violence exige une force militaire importante. Napoléon Ier, qui avait concentré la Révolution sous sa main, n'avait point négligé les moyens qu'elle avait créés pour gouverner autoritairement la France, et pour ravager l'Europe; il conserva ses formidables armées et en fit l'instrument de son insatiable et funeste ambition. La Restauration, qui avait des traditions de paix, réduisit le nombre des soldats. Louis-Philippe l'augmenta et Napoléon III revint au système de son oncle. Poussé par un vertige inexplicable, après avoir foulé aux pieds les traités, proclamé la doctrine hideuse qui légitime les faits accomplis et démoralisé la France plus que ne l'avaient fait d'incessantes révolutions, il avait jugé bon de donner à la Prusse un développement inespéré et d'écraser la seule puissance qu'il eût dû ménager, le vieil empire d'Autriche. La Prusse était trop habile pour ne pas augmenter ses régiments en raison du nombre presque double de ses sujets et pour ne pas profiter de la première occasion favorable à de nouveaux empiétements. Grâce à l'athéisme devenu la foi des rois et des peuples, il n'existe plus de droit s'imposant à la conscience, c'est à la force de décider du sort des nations et c'est la force que la Prusse a condensée dans une armée de plus d'un million d'hommes prêts à obéir servilement à leur maître et à porter partout, sans remords et sans ménagement, le pillage, le meurtre, la désolation. Que peut-on attendre d'humain et de juste d'une armée aussi formidable, conduite par des officiers et par un roi athées. Voilà où nous a conduits la philosophie humanitaire des odieux blasphémateurs du Christ qui nous ont créé cette sanglante et hideuse civilisation. Désormais les nations armées seront en présence les unes des autres comme les sauvages avec leurs voisins. On verra sur le sol de l'Europe des multitudes innombrables, pourvues de tous les engins destructeurs que la science moderne a inventés, s'observer avec défiance, se ruer à tout instant les unes sur les autres, ruiner les contrées qu'elles parcourront et les couvrir de décombres et de cadavres. Qui les retiendrait, en effet? Elles n'ont plus le Christ pour les adoucir et réprimer leurs passions, elles sont livrées sans frein à la haine, à la soif de l'argent, du sang et de la débauche.

L'armée française avait-elle échappé à cette civilisation de l'impiété e de l'athéisme? Hélas, par suite des ravages effroyables produits dans ses rangs, elle avait entièrement perdu les traditions chevaleresques et chrétiennes des Duguesclin, des Boucicaut et des Bayard. Les officiers, élevés par des maitres ennemis déclarés des croyances religieuses, mettaient en pratique les déplorables leçons qu'ils avaient reçues. Avides de plaisirs, dégoûtés des études sérieuses, fanfarons, jaloux les uns des autres, bassement obséquieux à l'égard des chefs, rudes, insolents à l'égard des inférieurs, assidus auprès des femmes. habiles à les corrompre, ils dépensaient leur temps dans les cafés, dans la débauche, et lisaient le *Siècle*, des romans immoraux, des Revues matérialistes. Quelle élévation d'idées, quelle noblesse de sentiments, quelle fermeté de caractère pouvait-on trouver dans des hommes qui dissipaient ainsi leur vie et se moquaient de ceux qui avaient conservé l'amour du travail, de la bonne conduite et de l'honneur chevaleresque! Panthéistes, matérialistes, rationalistes en théorie, ils étaient athées en pratique. Sans doute, on rencontrait de nombreuses exceptions et beaucoup d'officiers se distinguaient par leurs principes, leur conduite honorable et digne et leur solide instruction. Mais là n'était pas le courant.

Sous de tels chefs que pouvaient devenir les robustes et religieux habitants des campagnes confiés à leur commandement? Ils avaient sous les yeux les plus tristes exemples, ils vivaient au milieu des scandales et des propos obscènes. Un pauvre soldat qui avait appris sous le toit paternel à respecter les mœurs et à adorer Dieu, qui avait assisté tous les dimanches aux offices de sa paroisse et gardé précieusement la foi qui lui révélait le prix de son âme et la grandeur de sa destinée, était mis dans l'impossibilité de remplir aucun devoir religieux, parce qu'on lui refusait le temps nécessaire, parce qu'on le punissait ou parce qu'on se moquait de lui s'il croyait être autre chose qu'une brute. Le dimanche, jour consacré à Dieu et à l'âme, était le jour des parades militaires et des grandes revues. Les officiers, dans l'attirail d'un éclatant costume, faisaient défiler devant eux cette foule de soldats, ornement des places publiques, spectacle pour la curiosité des citadins. Ces revues montraient au peuple français qu'il avait des officiers capables de faire exécuter de brillantes manœuvres, de caracoler avec grâce et prestesse et des soldats capables de l'amuser par une agréable et gratuite représentation. Voilà pourquoi le dimanche était choisi. Les manœuvres auraient aussi bien réussi un autre jour, mais l'amour-propre des officiers y aurait perdu. Pour se préparer à la revue fantastique, les soldats devaient se mettre à l'œuvre dès le matin, faire briller leurs armes et leur costume et oublier le jour du Seigneur pour le jour des officiers. Ils n'avaient pas la liberté d'adorer Dieu, mais ils avaient largement la liberté de se perdre pendant les sept ans qu'ils passaient dans les casernes. Le temps qui n'était pas employé à l'exercice appartenait à l'œuvre de la dégradation morale. Qu'avaient-ils de mieux à faire que d'imiter leurs chefs? Mais en les imitant ils les méprisaient; on obéit volontiers à un héros dont on admire les vertus et la valeur, on obéit forcément à l'homme dont la vie est ignoble. Cet homme est du reste sans justice, sans bienveillance. Il est capricieux, il est dur, il est passionné, il punit souvent sans raison, et quand il punit justement il punit sans mesure. L'armée française était donc une armée athée, une armée sans religion. Doit-on s'étonner des désastres qu'elle a subis? Ces désastres ont eu trois causes : le châtiment divin, l'incapacité des chefs, l'indiscipline des soldats. Méritait-il le triomphe, l'empereur qui professait un tel mépris du Très-Haut et des âmes? Méritaient-ils les bénédictions du ciel, les chefs qui étaient pour leurs inférieurs des pierres de scandale? Méritaient-ils la victoire, les soldats qui allaient au champ de bataille comme les gladiateurs du cirque, sans foi, sans mœurs, sans Dieu?

On se persuade que tout marche au hasard, que l'Éternel qui gouverne le monde physique ne gouverne pas le monde moral et qu'il n'intervient pas dans les événements humains, c'est une erreur grossière, c'est l'athéisme pratique, car le monde moral intéresse plus la justice de Dieu que le monde physique n'intéresse sa puissance. Sans doute, il donne quelquefois la victoire aux pervers, mais c'est quand il veut par eux exercer de terribles châtiments. Les pervers ont leur tour et après avoir été les instruments, ils sont les victimes quand le moment est venu. La Révolution française châtiait rudement les nations de l'Europe si coupables envers Dieu et envers l'Église ; en même temps elle frappait à l'intérieur des coups que l'ennemi le plus cruel n'aurait pas osé frapper. Napoléon continua l'œuvre sanglante de la Révolution, mais le moment de l'humiliation arriva pour lui et pour la France. Dieu s'est servi de la Prusse pour punir l'impiété insensée, la cupidité insatiable, le luxe effréné, les mœurs dissolues des Français par un de ces châtiments qui, comme la foudre, brisent, incendient et détruisent tout sur leur passage, et pour renverser honteusement le persécuteur hypocrite du Souverain-Pontife, mais la punition de la Prusse orgueilleuse et insolente ne manquera pas de l'atteindre bientôt peut-être. La génération de ses rois est la plus odieuse du monde. Le principal fondateur de sa puissance mit audacieusement en pratique les principes révoltants de Machiavel, c'est par l'application constante de ces principes que cette nation a grandi ; elle doit son élévation au mensonge à l'astuce, à la violence. Il est probable que celui qui couronne aujourd'hui cet édifice fondé sur tant d'indignes machinations le verra s'écrouler sous le poids même du couronnement. Dieu a le temps à sa disposition, et quand on étudie l'histoire on voit que le jour du triomphe le plus éclatant est près du jour de la justice.

VII

COMPAGNIES, USINES

Les travaux considérables entrepris pour rendre les communications plus faciles et plus rapides, les progrès de l'industrie ont nécessité l'organisation d'associations puissantes par les capitaux et par le nombre des associés et l'établissement d'immenses usines. Que les hommes unissent leurs forces et leurs ressources pour réaliser des résultats plus importants, améliorer le sort des individus et rendre le pays plus riche et plus florissant, c'est un progrès louable. Dieu a donné la terre à l'homme pour la cultiver, pour obtenir de sa fécondité et des trésors qu'elle renferme la satisfaction de ses besoins et de ses plaisirs légitimes. Dans une société religieuse, les progrès n'ont que des avantages et n'ont pas d'inconvénients ; dans une société impie, tous les progrès deviennent funestes, toutes les institutions fatales. L'athéisme empoisonne tout ce qu'il touche et l'athéisme pratique est la plaie des compagnies modernes, qu'elles aient pour objet la construction et l'exploitation des chemins de fer ou le travail des manufactures. Est-ce à dire que les membres de l'association nient tous l'existence de Dieu ? non sans doute, mais à la manière dont l'œuvre est dirigée et administrée la pensée de Dieu n'existe pas.

Les Compagnies de chemins de fer ont exécuté des travaux merveilleux, elles ont sillonné le pays de ces nombreux et admirables réseaux qui unissent les diverses localités en les rapprochant et permettent aujourd'hui de parcourir la France entière plus rapidement qu'on n'eût parcouru autrefois une seule province de son vaste territoire. Une Compagnie est malheureusement un être moral qui n'a ni foi, ni cœur, ni entrailles.

Quand on s'adresse à un individu on peut espérer de l'éclairer, de le convaincre, de le toucher et de le ramener à la raison s'il s'en est écarté ; mais quand on s'adresse à une Compagnie, on parle à un personnage mystérieux, invisible qui n'a point d'yeux, point d'oreilles, point d'intelligence. On ne peut ni se faire comprendre, ni attendrir, ni changer les sentiments où les idées. C'est ce qui rend terrible la position des employés. Ils sont des machines et la Compagnie est le moteur. Un employé déplait sans raison, sans raison il est renvoyé, il est broyé, on le remplace par un autre comme on remplace un piston ou un ressort et comme un piston, comme un ressort il va et vient sans avoir conscience de ce qu'il fait. Autrefois l'ouvrier connaissait son patron et pouvait s'entretenir avec lui, se défendre, l'intéresser à son sort. Quel employé connaît cette femme insatiable, capricieuse, méchante, athée, qu'on appelle une Compagnie ? Il a beau exprimer des plaintes, des désirs et des droits, personne ne l'entend. La Compagnie siége à Lyon ou à Paris, mais dans une invisible majesté ; elle fait les règlements qu'elle veut, elle dispose du temps et des personnes sans contrôle, elle est un pouvoir despotique d'autant plus redoutable qu'on la sent comme une verge qui vous frappe ou une force qui vous pousse sans que votre œil puisse rien voir et votre raison rien saisir. Elle ne s'occupe pas de morale, de dignité, d'âme, de corps, elle s'occupe de mouvement, elle est comme cette effroyable messagère dont parle Bossuet qui crie à tous les mortels : marche, marche. Les mortels entendent le son lugubre de sa voix sans jamais voir ses traits, et pleins de terreur, ils marchent. La Compagnie dit aux employés avec un accent strident et impérieux : « Vous travaillerez le jour, la nuit, tous les jours, toutes les nuits, » l'employé répond : « Mais de grâce, un peu de repos pour mon intelligence, pour mon âme, pour mon Dieu, » il entend aussitôt ces mots accablants : « Une locomotive me coûte plusieurs centaines de mille francs, toi tu ne me coûte rien : marche, ton âme, ton Dieu, je ne sais ce que tu veux dire : marche. » Il regarde effrayé, ne voit personne et marche. Infortuné ! pas un moment pour s'instruire, pas un moment pour servir Dieu ; tous les jours de la semaine: marche. Le dimanche quand la cloche appelle les fidèles à la messe : marche sur la voie ferrée ; quand elle les appelle aux vêpres : marche, pas une heure pour penser à son âme, pas une heure pour sanctifier le dimanche qui est le jour de l'âme et de Dieu, pour s'élever au-dessus d'une idée matérielle, d'un vagon à charger, ou à décharger, d'une machine à pourvoir de charbon, à mettre en mouvement.

Mais enfin Dieu n'a-t-il aucun droit sur l'âme qu'il a créée, qu'il aime et dont il veut être aimé, sur le temps qu'il distribue ? Tout cela appartient à la Compagnie, elle est Dieu et ne connaît pas d'autre divinité. C'est ainsi que les choses se passent en France où la mode est d'être athée. Ailleurs, on diminue le nombre des trains le dimanche pour laisser aux employés la faculté de remplir leurs devoirs religieux. On estime que l'homme a un avenir hors de ce monde et qu'il a droit de s'en occuper.

Comment les Compagnies, avec le système odieux et impie qui inspire leur conduite à l'égard de leur personnel, peuvent-elles compter sur la probité et sur la moralité des subordonnés ? Elles n'y comptent pas, elles brisent quiconque est pris en défaut et trouvent facilement de nouveaux employés. Est-ce là une raison de traiter des hommes comme des animaux, est-ce chrétien, est-ce humain, est-ce philosophique ? C'est le cas pour le gouvernement qui intervient partout de prendre la défense du faible contre le fort, de l'opprimé contre l'oppresseur.

Mais le gouvernement est partisan du système, il a la même foi que les Compagnies. Et cependant parce que des hommes sont obligés pour vivre de se soumettre à un dur travail, on n'a pas le droit de leur enlever la liberté de conscience et d'en faire de misérables ilotes. Les exigences du commerce et des voyageurs ne sauraient justifier des abus aussi criants de la force ; il y a une nécessité supérieure, le respect de l'homme, de ses croyances et de sa destinée.

Autrefois les ateliers n'avaient pas l'immense étendue des ateliers d'aujourd'hui; ils étaient plus multipliés et le patron avait sous sa direction un nombre moins considérable d'ouvriers. La main d'œuvre était plus chère, mais l'ouvrage mieux fait et la moralité de l'atelier meilleure. Le patron, le nom l'indique, agissait à l'égard des travailleurs comme un père à l'égard de ses enfants, veillait sur eux avec sollicitude, les aimait, avait à cœur leurs intérêts, et était entouré de respect et d'affection. Pour fabriquer plus vite et à meilleur marché, l'industrie moderne, aidée de la vapeur et de puissantes machines, a établi de vastes usines où se réunit une multitude d'ouvriers. Malheureusement dans ces usines la condition du travailleur est à peu près la même que celle de l'employé des chemins de fer. Le gain est le but des sociétés qui soutiennent et dirigent les manufactures, les grands ateliers, elles n'ont qu'un objet en vue, les bénéfices, l'argent ; l'homme est un instrument pour faire fructifier le capital, une machine qui le multiplie comme à l'hôtel des monnaies. Demander à l'ouvrier le plus de temps possible, le payer le moins possible, tel est le problème de l'industrie moderne. L'homme qui travaille et gagne son pain à la sueur de son front n'est pas pour elle la créature raisonnable, l'être sublime de la religion catholique, c'est un agent qui réalise des profits. Avec des idées aussi basses et aussi cupides, on ne tient compte ni de l'âge, ni du sexe, ni de la santé, ni de la morale, ni de la religion. On prend l'enfant dès l'âge le plus tendre, on le met dans une atmosphère malsaine qui mine son corps et corrompt son âme ; c'est une plante placée dans un sol mauvais où elle n'est ni soignée, ni cultivée, où elle languit et s'étiole.

Devenu adulte, l'ouvrier n'a pas les croyances qui pourraient le soutenir dans un pénible travail, dans une vie fatiguée outre mesure, ou s'il les a eues elles n'ont pas résisté aux discours impies qu'il a entendus, aux paroles obscènes qui ont souillé ses oreilles et aux funestes exemples dont-il a été constamment témoin. On le force à profaner le dimanche, jour destiné par la religion à élever son âme, à mettre dans son cœur de sublimes espérances, à lui inspirer l'amour de la vertu, à lui révéler le secret de la vie présente et le secret de la vie à venir ; on aime mieux lui donner le lundi pour la débauche que de lui laisser le dimanche pour Dieu. Le patron qui abuse ainsi de son autorité sur le pauvre, qui, par une odieuse tyrannie, le prive de la liberté la plus précieuse, la liberté de servir Dieu, ne saurait être pour lui un père de famille dévoué, bienfaisant ; il est un homme sans entrailles exploitant et le temps et le corps et l'âme d'un autre homme. Que lui importent la santé, les mœurs, la dignité, la sainteté de la vie ? Il tire de cette machine abaissée, dégradée, le plus de profit possible. L'année la meilleure n'est pas celle où il fait le plus de bien à cet infortuné, mais celle où il a réalisé les plus beaux bénéfices.

Par la conduite dont il est témoin, par les principes qu'il entend et qu'il voit mettre en pratique, on lui dit : la vie, c'est la jouissance effrénée des plaisirs sensuels, la jouissance, c'est l'argent. Alors le peu d'argent qu'il gagne, il le dépense dans les cabarets et dans les orgies des mauvais lieux. Il compare le sort du patron avec le sien, le capital avec le travail. Le patron a beaucoup de temps et beaucoup d'argent pour jouir, lui n'a qu'un temps très-limité, des ressources plus limitées encore. Pourquoi cette inégalité quand par la nature les hommes sont égaux? Pourquoi d'un côté une vie facile, agréable, presque oiseuse, pourquoi de l'autre une vie rude, pénible, laborieuse, quand l'espace laissé au bonheur commence pour tous au berceau et finit à la tombe? De quel droit l'un s'engraisse-t-il des sueurs de l'autre? Ces questions se présentent d'elles-mêmes, le tourmentent, font naître dans son cœur des aspirations violentes, des haines farouches, et le disposent à écouter tous les mauvais conseils, à embrasser les systèmes les plus absurdes de constitution sociale. De là les conspirations ourdies contre les patrons, de là les grèves déplorables, aussi funestes aux ouvriers qu'aux chefs d'ateliers, grèves qui compromettent la tranquillité et la prospérité du commerce national. Les révolutionnaires trouvent dans ces dispositions hostiles des ouvriers, un puissant élément de désordre. C'est une armée toujours prête qu'ils ont sous la main pour renverser les gouvernements, et cette armée est d'autant plus redoutable qu'elle est liée par des serments secrets, par par un intérêt commun et par des passions ardentes et aveugles. L'industrie et la société sont menacées en même temps, et cependant les combinaisons économiques et les constitutions ne peuvent pas résoudre le formidable problème, et s'il n'est pas résolu, les plus épouvantables catastrophes sont imminentes, inévitables. On entend le rugissement du lion; il prépare ses forces, ses yeux étincèlent, sa fureur s'anime; malheur à la société si elle ne trouve pas le moyen de l'apprivoiser, et ce moyen n'est pas à coup sûr dans l'athéisme qui, par le crime des patrons, a fait naitre, a nourri et exaspéré le monstre.

VIII

LE MARIAGE ET LA FAMILLE

Tous les peuples, même les peuples sauvages, ont regardé le mariage, l'union de l'homme et de la femme, comme un acte solennel et sacré, où la religion devait nécessairement intervenir. Le mariage a pour but la vie commune des époux et leur survivance dans les enfants. Le christianisme l'a élevé à la hauteur d'un sacrement; il a déterminé avec précision les devoirs qu'il impose, en a montré l'importance et l'a ramené à l'institution primitive en supprimant la polygamie et en proscrivant le divorce. Il a ainsi assuré la durée et la sainteté de l'union et le sort des enfants. Les époux indissolublement unis se doivent un appui mutuel, un affection persévérante, une inviolable fidélité, un dévouement sans bornes et un concours incessant pour former de vrai chrétiens, c'est à dire des citoyens vertueux. Le mari n'est point un despote, il est chef, mais son pouvoir n'est pas arbitraire. La femme n'est ni une servante, ni une esclave, elle est la compagne de son travail, de ses joies, et de ses peines ; les enfants sont obligés d'obéir, mais on ne peut leur commander que ce qui est bon, ce qui est juste, ce qui est utile, avec douceur et fermeté, avec une paternelle affection. La religion qui a consacré l'union préside à l'accomplissement de tous les devoirs, harmonise les esprits et les volontés, et, par une bienfaisante influence, fait régner la paix au foyer de la famille.

La Révolution, s'éloignant sur ce point comme sur beaucoup d'autres non seulement de l'Évangile qu'elle voulait anéantir, mais encore des antiques et respectables traditions du genre humain, considéra le mariage comme un acte profane, une chose purement civile, un contrat ordinaire, et le sécularisa en le déclarant valide du moment qu'il aurait été civilement contracté. A ses yeux, l'union de l'homme et de la femme n'était que l'union de deux animaux qui par un libre consentement formaient entre eux des liens que le libre consentement pouvait briser par le divorce. Elle supprima ainsi Dieu dans un des actes les plus sérieux et les plus importants de la vie. Le mariage religieux est resté en usage contre ses intentions, il a triomphé par l'empire de l'opinion, mais il a perdu de son prestige et de sa sainteté et n'est souvent qu'une concession faite à la conscience timorée de l'épouse. On se marie encore catholiquement en France, mais la plupart des époux n'apportent pas les dispositions que l'Église exige et profanent le sacrement; ils légitiment leur union mais il ne la sanctifient pas, ils accomplissent une formalité sans avoir la pensée de Dieu dans leurs cœurs, c'est en athées qu'ils se marient.

Aussi l'athéisme préside à leur vie d'époux et de pères de famille. La malheureuse épouse n'est qu'un animal d'un sexe différent ; ce n'est pas une chrétienne et le contrat, en ce qui les regarde, ne leur parait pas tellement obligatoire qu'ils ne puissent à dessein ou par occasion le violer sans scrupule. L'intérieur de la maison n'a pour eux aucun attrait, ils s'ennuient dans les monotones agréments de la vie de famille. Ils ont besoin de distractions bruyantes, et les cherchent dans les cafés, dans les cercles, dans les sociétés qui n'imposent aucune contrainte ni dans le langage ni dans la tenue. Le temps que les affaires ne prennent pas quand il y a des affaires est dépensé dans un milieu où la politesse, où le bon ton, où les manières distinguées, où l'esprit français ont disparu. On ne reste chez soi que le moins possible et pour y donner cours à sa mauvaise humeur. La femme ainsi isolée se déplait dans cette vie monacale qui lui pèse ; elle tâche de se distraire, et dans ses distractions elle perd le goût de son ménage et quelquefois le goût de son mari.

Ils ne connaissent point de devoir, ils ne veulent que des plaisirs. Le nombre des enfants est d'avance déterminé, l'éducation d'une famille nombreuse impose trop de fatigues et d'embarras. Aussi le mariage n'est-il qu'une espèce de prostitution ; l'un des caractères de la prostituée, en effet, est de chercher des jouissances sans mélange de peine ; elle ne veut pas d'enfants et ne connaît pas la maternité. Ils ne désirent pas la vie, ils multiplient la mort, car le mari n'est qu'un fossoyeur et la femme un sépulcre.

Quels sont les résultats de ces mariages stériles? L'énervation de l'homme et de la femme, une déconsidération mutuelle, l'énervation des enfants, une mollesse effroyable dans l'éducation et la malédiction de Dieu qui s'est proposé dans l'institution du mariage un but plus élevé que des jouissances animales. La chasteté, même dans le mariage, est un principe de force physique et de force morale. Jamais un peuple ne cesse d'être chaste sans déchoir et sans recevoir les châtiments dont la Providence frappe tôt ou tard le dérèglement des mœurs. Les tempéraments deviennent moins forts, les constitutions moins solides, le système musculaire s'affaiblit et le système nerveux prend une prépondérance funeste. La mère d'une nombreuse famille est ordinairement d'une santé plus vigoureuse que la femme honteusement stérile. Elle mérite l'estime de son époux par sa dignité, par son admirable dévouement, et son époux mérite la sienne, parce qu'ils observent les lois de la nature et parce qu'ils comptent sur la divine Providence. Il n'est pas possible qu'un homme qui ne voit dans une femme que le côté le plus humiliant ait pour elle cet amour fort et délicat que produisent le respect et l'estime, comme il n'est pas possible qu'une femme qui ne voit dans son mari que des passions charnelles ait une haute idée de son élévation morale. Ils ne s'aiment pas en êtres raisonnables ; de là un intérieur peu paisible et peu heureux. En effet, la dignité et la sévérité des mœurs relèvent l'homme aux yeux de la femme, et la pudeur et la sainteté donnent à l'épouse un caractère angélique, une existence en quelque sorte surhumaine, tandis que des relations toutes matérielles, licencieuses, détruisent cette poésie de l'âme et du cœur qui seule peut produire un amour persévérant, une union que le temps fortifie au lieu de diminuer.

Comme on évite les douleurs de la maternité, on en évite les charges. Les sacrifices sont trop lourds pour des créatures amollies. Le lait d'une étrangère nourrit et développe l'enfant qui ne connaît ni la tendresse ni le dévouement de la véritable mère ; pendant qu'une servante le lève, l'habille, préside à son éducation, le promène, l'amuse, la mère selon la nature reçoit dans le salon, rend des visites, lit des romans, fréquente les bals et les théâtres. Elle lui donne un baiser le matin, quelquefois un baiser le soir, c'est à quoi se bornent ses caresses et sa sollicitude. L'enfant croit que la servante est la personne à laquelle il doit la vie et qu'il habite une maison qui n'est pas la sienne, heureux quand il ne puise pas dans les mamelles qu'il suce, un poison, et dans des habitudes abominables une immoralité précoce.

S'il appartient au peuple, on l'éloigne souvent du toit paternel et il ne le connaît que lorsqu'on l'y ramène, après plusieurs années d'absence. Alors pour lui tout est nouveau, la maison et les personnes ; il pleure la nourrice qui le quitte et repousse le sein qui l'a porté ; là la salle d'asile est son refuge et une Sœur dévouée sa gouvernante et son institutrice. Il est vrai que les souvenirs de cet âge s'effacent ; néanmoins, l'amour et les soins des premières années auraient pu laisser dans ce jeune cœur des impressions qui sont absentes et n'existeront jamais.

La raison et les facultés de l'enfant se développent, il commence à comprendre et désire savoir; il interroge les paroles, les gestes, les actions et les exemples. Il voit dans son père un homme qui ne pratique aucun devoir religieux, qui ne prie jamais avec lui, qui ne le conduit jamais à l'église, un homme indépendant de Dieu dont il ne reconnaît ni l'autorité ni les lois. Il se demande à lui-même si tout ce qu'on lui dit de la divinité, de la religion et des obligations du chrétien, n'est pas une chimère, un moyen imaginé pour gêner sa liberté. Il prend parti pour le père de famille, plus instruit et plus expérimenté que lui, il secoue le joug de la religion et ne se croit pas plus obligé d'obéir à son père que son père ne se croit obligé d'obéir à Dieu; du même coup il s'affranchit des deux autorités et prend possession de sa pleine indépendance.

Du reste, dès son enfance, tout entretient en lui la mollesse, l'égoïsme, l'esprit d'insubordination. L'affection des parents se concentre sur lui parce qu'il est seul. On évite de le contrister, on suit tous ses caprices, on exécute ses ordres, il n'a pas encore la raison et déjà il commande. Si quelquefois on essaie de faire prévaloir sa volonté sur la sienne, on cède promptement devant le chagrin qu'il manifeste, les larmes qu'il répand, les cris qu'il fait retentir. Le maître auquel on le confie, ou plutôt auquel il se confie lui-même, car on lui laisse le droit de choisir, veut-il exciter sa paresse, exiger un travail nécessaire, est-il assez téméraire pour avoir recours à des punitions bien méritées, il raisonne, il proteste, il résiste, et ses parents réclament, protestent et résistent avec lui ou font du moins de sévères observations. Son corps délicat n'a jamais senti la verge, il n'a senti que des caresses et son âme efféminée n'a jamais été redressée par de mâles et vigoureuses paroles. Sans doute, tous les enfants aujourd'hui ne sont pas ainsi formés, mais plus ou moins leur éducation est dans ce système de condescendance et de faiblesse. Une mère chrétienne, et grâce à Dieu, il y en a encore beaucoup, trouve dans la religion une sainte fermeté ; néanmoins elle subit plus ou moins l'influence énervante de notre époque.

Cette éducation déplorable, bien différente de celle qui forma les fortes et savantes générations de nos aïeux, éducation née de l'athéisme pratique des familles, n'est point particulier à la classe aisée ; elle exerce dans le peuple des ravages encore plus funestes. Là, les traditions de politesse, de distinction, d'honneur ne contre-balancent pas les effets d'une éducation mauvaise. L'enfant du peuple entend sans cesse dans les familles où le christianisme a presque disparu, les disputes violentes de son père et de sa mère, les blasphèmes, les paroles obscènes ; on ne veille ni sur sa foi, ni sur ses mœurs. On passe avec lui d'un extrême à l'autre, en lui donnant trop de liberté ou en le maltraitant. Néanmoins, c'est le laisser-aller habituel, c'est la mollesse qui l'emporte. Dépravé de bonne heure, il se développe dans un milieu malsain qui trouble sa raison et corrompt son cœur. Ses parents ne savent pas supporter avec patience et résignation une situation gênée et difficile qu'ils pourraient souvent attribuer à leur conduite. Ils ne comprennent pas le sens du travail, des privations et des souffrances ; ils les supportent sans consolation et sans espérance. Ils s'irritent contre leur sort, le maudissent et en accusent l'organisation sociale, la cupidité et la dureté du riche. L'enfant hérite de leur haine et nourrit dans son âme des passions jalouses et sauvages.

Dans les familles où Dieu est absent, qu'elles soient fortunées ou misérables on n'a aucune idée de la responsabilité des âmes des enfants. On n'envisage que la vie présente, que l'avenir de la terre, que la richesse, les honneurs, les passions. Aucune pensée supérieure aux intérêts de ce monde n'élève les cœurs et ne leur donne de nobles élans, de sublimes aspirations. Tout est matériel, tout est abaissé et quelquefois honteusement ignoble, le mal est si grand que les mères chrétiennes n'ont pas échappé elles-mêmes à ce courant de matérialisme qui entraîne la société française et en ont plus ou moins subi la funeste influence.

IX

L'ENSEIGNEMENT

La famille telle qu'elle est constituée ne peut pas donner aux enfants une sérieuse et solide éducation. C'est un malheur pour ainsi dire irréparable, car c'est au foyer domestique surtout que l'homme forme son caractère et prend des habitudes qui gouverneront sa vie jusqu'à la vieillesse. Les premières impressions sont profondes et disparaissent difficilement. On l'a dit, l'habitude est une seconde nature. Il semble que l'éducation reçue dans les établissements publics devrait corriger l'éducation privée. Il n'en est rien, elle aggrave le mal au lieu d'y porter remède.

La Révolution, pour frapper toutes les âmes à son image et répandre ses idées sur tout le territoire français, a fait de l'enseignement une branche de l'administration, une partie du gouvernement ; c'était un moyen d'exercer son despotisme jusque dans l'intérieur des familles, dans le sanctuaire même de l'âme. Elle pensa qu'on pourrait trouver des instituteurs de la jeunesse comme on trouvait des receveurs des domaines, des employés des douanes. Napoléon Ier avait un goût trop prononcé pour la centralisation, et pour la servitude, pour ne pas adopter un système qui répondait si bien à ses vues despotiques. Il constitua donc l'Université et la plaça sous la direction d'un grand maître qui devint plus tard ministre de l'instruction publique. Cette institution a l'inconvénient de dépendre d'un homme qui peut imprimer à l'enseignement la direction qui lui plaît. Si c'est M. Cousin, tout le corps enseignant aura sa philosophie pour programme ; si c'est M. Duruy, il devra suivre son cours d'histoire, et communiquer aux élèves ses théories voltairiennes, son impiété habilement voilée. Le ministre est le cerveau qui pense et transmet la pensée et le mouvement ; c'est le Jupiter de ce ciel, c'est à son ordre que les astres font leur révolution. Au point de vue de la liberté, c'est absurde, au point de vue de la science, c'est funeste, au point de vue des mœurs, c'est désastreux.

Au point de vue de la liberté, le père est par le droit naturel maître de son enfant, il lui est libre de le faire élever par qui il veut et personne ne peut, sans fouler aux pieds la puissance paternelle, lui imposer des professeurs. La théorie de l'État disposant des citoyens et même de la famille est une théorie de Rousseau proclamée en 89, mais c'est une théorie tout à fait contraire à la raison et à la nature ; elle a été cependant appliquée pendant plus de cinquante ans malgré les réclamations les plus pressantes et une loi de liberté partielle n'a fini par triompher qu'après une longue et persévérente lutte. Sous l'influence de M. Duruy, elle a reçu des atteintes habiles et hypocritement ménagées. Elle n'était cependant que très-incomplète et demandait une extension plus libérale. Elle laissait les examens à l'Université et ne s'étendait pas à l'instruction supérieure. Il était étrange de soumettre la jeunesse toute entière d'un vaste État aux caprices d'un ministre et de faire varier à chaque instant les méthodes et les matières d'enseignement selon le bon plaisir d'un homme ; mais c'était digne de la Convention, de Napoléon Ier et du despotisme universitaire.

La science se développe par l'émulation, par la lutte par la tenacité et l'ardeur de l'étude. Dans l'Université le professeur est sur un terrain qu'on ne peut lui disputer, il se repose avec le calme et la tranquillité du propriétaire qui ne songe pas à augmenter sa fortune et à la rendre supérieure à celle du voisin. Il tâche d'acquérir les connaissances requises pour l'examen qu'il doit subir, nécessaires à la place qu'il ambitionne, et une fois cette place conquise, il fait sa classe ou son cours sans chercher à pousser plus loin ses études. Il donne à ses devoirs le temps réglementaire et consacre le surplus à des répétitions ou aux exigences et aux agréments de la vie civile. Aussi, si on excepte les sciences physiques et chimiques auxquelles les besoins de l'époque ont demandé des progrès, l'Université dans les autres branches n'a produit aucun travail d'une véritable importance. Le monopole dont elle jouit a nui beaucoup aux méthodes et aux programmes d'enseignement. Les matières ont été multipliées outre mesure, on a écrasé l'enfant sous la science sans l'instruire solidement et en l'écrasant on l'a dégoûté ; de là est résulté un double et grave inconvénient, la déchéance des lettres et le dégoût de les cultiver. Dans les siècles passés, il existait un nombre considérable d'universités, elles tâchaient par de louables efforts de se surpasser les unes les autres. Une noble émulation produisait des maîtres fort savants et fort distingués dont les élèves brillaient par l'éclat et la force des études. Ils conservaient le goût des belles lettres, ils connaissaient les classiques grecs, latins et français ; ils pouvaient avec facilité en citer à propos les plus beaux passages. Aujourd'hui aucun élève ne sait un mot des plus illustres écrivains, aucun ne les lit et tous les ont oubliés l'année même où ils ont terminé leur éducation.

Il n'y a pas de mœurs sans religion. Pour contenir des passions aussi violentes et aussi déréglées que les passions des sens, il faut de fermes croyances et un secours divin. La philosophie n'a jamais pu faire un homme moral dans le sens rigoureux du mot. Dans les temps ancien, elle comprit qu'un tel résultat était au-dessus de ses forces. Aussi, ne songea-t-elle pas à supprimer les passions voluptueuses ; elle ne se proposa que de les modérer sans les proscrire. La philosophie moderne n'a pas plus de puissance que son aînée, et cependant rien n'est plus nécessaire dans l'éducation que de préserver l'enfant des atteintes du plus dangereux et du plus funeste des vices. C'est l'âge où la pureté montre avec le plus d'éclat ses merveilleux priviléges ; elle donne à l'intelligence plus de vivacité, à la volonté plus de force, au cœur plus d'élan et de générosité, à la santé plus de puissance, au développement du corps plus d'activité, au visage une amabilité expansive, au regard une douce et pudique limpidité. Il faut, pour conserver cette précieuse vertu, des maîtres pieux, des maîtres qui veillent comme une mère sur l'innocence de l'enfant, qui pénètrent ses pensées et ne blessent jamais sa foi.

L'enseignement n'est pas une fonction quelconque, c'est un ministère d'affection et de dévouement sans limites. Il réclame des maîtres qui édifient par leurs doctrines, par leurs conseils et leurs exemples. Malheureusement, dans les idees universitaires et gouvernementales, l'enseignement n'est pas un sacerdoce, c'est une carrière comme une autre. On ne demande au maître que la science et l'exactitude à l'enseigner. Le maître est-il plein pour l'enfance d'un tendre intérêt, estime-t-il son âme comme ce qu'il y a au monde de plus respectable et de plus précieux? C'est une question dont on ne se préoccupe pas. Est-il chrétien, juif, protestant, déiste, athée, panthéiste, matérialiste, est-il ennemi déclaré de la religion de l'enfant? On ne doit pas s'en enquérir. Ses mœurs sont-elles irréprochables? On tient à ce qu'il ne ne soit pas scandaleux, et on ne va pas au-delà.

L'enfant remarque que le maître ne lui demande que la science et qu'il n'a pas pour lui l'affection pleine de tendresse et de sollicitude qu'il trouvait chez ses parents. Il entend une parole hautaine, ferme, souvent sévère. jamais une parole amicale. Il sent qu'on ne l'aime pas ou qu'on l'aime très-peu, aussi n'a-t-il pour ses maîtres que du dédain, de l'aversion, de la haine. Les respectant à peine en leur présence, hors de leur présence les méprisant et se moquant d'eux, il subit l'autorité comme un esclave, mais il n'obéit pas librement. Les uns prêchent une doctrine, les autres prêchent la doctrine opposée, les uns attaquent la religion, les autres en font l'éloge. Quelle conviction religieuse peut-il puiser dans ce tohu-bohu de réflexions, d'appréciations contradictoires, de systèmes contraires? Il prend ce qui favorise ses mauvais penchants et repousse ce qui les gêne. Et qu'on ne dise pas que la prudence est recommandée, qu'on se tient dans l'indifférence et qu'on ne touche pas à des questions délicates. Un homme, quelque habile et quelque réservé qu'il soit, ne peut pas constamment et à tout propos dissimuler ses idées ; son silence, dans beaucoup de cas, suffit pour les faire connaître. L'enfant est perspicace, il saisit très-bien la pensée de son maître dans une réflexion, dans une réticence, dans son attitude, et jusque dans l'expression de sa figure. Du reste, quand le maître ne cherche pas à se contraindre et professe ouvertement l'impiété, l'aumônier n'est pas une garantie contre l'incrédulité précoce d'un pauvre enfant. Il n'est pour lui qu'un fonctionnaire, qu'un professeur de religion dont la parole a moins de poids que celle d'un maître à morale facile, d'un libre-penseur. Entre l'un et l'autre le choix est bientôt fait.

Le professeur est un fonctionnaire qui fait ses heures de classes comme un autre fonctionnaire ses heures de bureau. Il n'est en contact avec les enfants que lorsqu'il les interroge ou corrige leurs devoirs. Hors de là, il ne les voit pas et n'a aucune relation avec eux. Les récréations, les études, les réfectoires, les dortoirs, les promenades, sont surveillés par des employés d'un rang inférieur. L'enfant n'aime pas les professeurs, il méprise et déteste les surveillants. Il les fuit, il cherche autant qu'il le peut à échapper à leurs regards et à leurs oreilles. Il vit, il parle, il s'amuse avec ses condisciples pendant que le surveillant va et vient, isolé comme un officier de police. Il prend leur langage peu poli, fréquemment grossier, leurs manières, leurs vices, leurs habitudes. Les plus pervers sont les plus hardis et exercent l'influence la plus déplorable. Ils communiquent aux autres leurs mauvaises pensées, leurs mauvais projets, et les rendent témoins de leurs mauvaises actions. Il suffit qu'il y ait un de ces dangereux enfants dans une division pour corrompre tous les autres. Heureux l'élève qui soustrait son innocence au péril d'une telle société ! S'il n'a pas la prudence de l'éviter, il devient bientôt vicieux, morne, fantasque, indiscipliné, irrespectueux, il contracte de dégoûtantes habitudes qui flétrissent son cœur, hébètent son esprit, ruinent son corps. A l'âge de douze ans et quelquefois plus tôt, il est impie et débauché, n'a pas le sentiment de ce qui est noble, pur, généreux, et n'a que des sensations. Son front n'est pas serein, son visage n'est pas ouvert, épanoui, son sourire n'est pas gracieux, sa conscience n'est pas calme. Tout est terne, la pensée, la figure ; il porte les signes trop visibles d'une dégradation prématurée. Enfant infortuné, qui abandonne Dieu de si bonne heure et qui de si bonne heure est abandonné de lui ! Dans les écoles primaires, lorsque les maîtres ne comprennent pas la grandeur de leurs fonctions et ne font qu'un métier, on voit souvent les mêmes résultats; et parce que Dieu est absent de l'enseignement, une lèpre hideuse dévore en secret des générations entières et prépare à la patrie des citoyens sans cœur, sans énergie et sans courage. On remarque partout l'affaiblissement de la santé, l'énervation des caractères, l'obscurcissement des intelligences, le dépérissement des constitutions. Effrayé, on en cherche la cause mystérieuse : elle se trouve dans le fait désolant de l'oubli de Dieu et de l'invasion des passions dégradantes qui en sont la conséquence inévitable.

En sortant des établissements secondaires, l'enfant devenu jeune homme continue ses études dans les Facultés ou dans les écoles spéciales. A cet âge, la liberté est un périlleux écueil ; il faudrait, pour ne point s'y briser, de fermes croyances et une solide vertu. Les croyances, il les a peut-être perdues et la vertu exige des efforts qu'il n'a jamais su faire. Jeté au milieu de condisciples dont la vie est dissipée et immorale, et qui préfèrent aux plaisirs de l'étude les plaisirs de la débauche, il aurait besoin de trouver, dans l'enseignement des maîtres, un secours pour le soutenir, des conseils pour le diriger, des leçons pour l'éclairer, pour relever son âme et lui inspirer l'amour du bien! Mais non, les professeurs dont il suit les cours, persuadés qu'ils s'adressent à des hommes faits devant lesquels ils peuvent sans détour enseigner leurs convictions et leurs systèmes, ne craignent pas d'exposer, avec tout le talent et toute l'éloquence dont ils sont capables, les doctrines les plus dangereuses, les utopies les plus fausses, les plus étranges observations, afin de ne pas marcher sur les traces communes et de se créer une réputation par des aperçus nouveaux, par de prétendues inventions. A propos de médecine, on établit expérimentalement le matérialisme, à propos de droit on attaque la révélation, à propos d'histoire on attaque l'Église en falsifiant les faits, à propos de mathématiques on enseigne le panthéisme. Le jeune homme est à l'âge des passions, elles sont d'autant plus ardentes chez lui que, de bonne heure, elles ont été développées par une corruption précoce. Quel plaisir d'entendre des doctrines qui brisent tous les freins et ouvrent à ses penchants une carrière qui n'est plus entravée par la foi et les remords. Il regarde comme des oracles, comme des hommes de génie tous ces prédicateurs d'impiété. Newton, Leibnitz, Euler, Descartes, Bossuet, comparés à eux, sont de petits esprits, et n'avaient pas assez d'intelligence pour comprendre que la matière peut penser et que l'homme est un pur animal. Ils ne s'étaient pas élevés à ce degré sublime de la science d'où l'on voit cette chaîne d'animaux qui descend de l'homme à la fourmi, animaux différents dans une organisation fortuite, mais égaux en dignité et en valeur morale. Ils ignoraient cette consolante et poétique vérité qu'il n'y a point de différence entre le bien et le mal et que le tombeau est notre sombre et éternelle destinée.

Voilà trop ordinairement l'éducation de la jeunesse de nos jours, dans la famille, au collége et dans les cours publics. Il est juste néanmoins de rendre hommage aux membres du Corps enseignant officiel, qui comprennent l'importance de leurs fonctions et les remplissent en hommes de foi et de dévouement. La société leur doit des jeunes gens qui échappent au naufrage.

L'Université a la prétention de faire des savants de dix-huit ans. Elle n'a pas compris que les cours de grammaire, de littérature, d'histoire, de philosophie et de mathématiques, ne devaient avoir qu'un but, développer normalement les facultés de l'élève pour le préparer à la science, et que les croyances catholiques sont en même temps une base solide pour la raison et l'intelligence et un mobile indispensable aux bonnes mœurs et au travail. Ses programmes comprennent des matières innombrables qui écrasent l'esprit et la mémoire et y jettent une inextricable confusion. Sorti des bancs, le jeune homme dit adieu à ses livres, ne les regarde plus, et a horreur des lectures substantielles et relevées. Il lit des journaux, des feuilletons, des Revues, des pièces de théâtres, des brochures sans valeur littéraire. Parce qu'il sait peu et qu'il n'a jamais mûrement réfléchi, il parlera sur tous les sujets avec une merveilleuse loquacité et croira être un personnage de mérite, quand il aura émis les idées les plus bizarres et les plus incohérentes sur la religion, sur la la politique, sur l'industrie ou sur un sujet quelconque. Raisonner avec précision, saisir dans un raisonnement ce qu'il y a de vrai ou de faux, de contraire aux règles de la logique, est au-dessus de ses forces. Avec une telle génération d'hommes, les novateurs les plus audacieux, les inventeurs des systèmes les plus absurdes, trouveront toujours une foule d'admirateurs ; une crédulité aveugle à d'étranges idées a remplacé l'ancienne foi, est devenue la maladie de ce siècle. La déraison a succédé à la croyance catholique. On comprend que dans cette situation des esprits les hommes remarquables soient très-rares. Aussi ne voit-on surgir le talent nulle part. Nous entendons des faiseurs de phrases vides, sonores, brillantes. souvent sans liaison, mais nous ne rencontrons pas un homme d'État, un grand écrivain, un homme de guerre supérieur. S'il existe quelques hommes distingués, ils appartiennent à la génération qui s'en va ; la génération d'aujourd'hui en est entièrement stérile, juste châtiment d'une société qui renie Dieu ; avec cette incrédulité on perd toutes les idées, grandes, généreuses ; on devient animal et l'animal ne s'élève pas au-dessus de la matière et des appétits matériels. Que nous a-t-il manqué dans nos malheurs vraiment inexprimables ? un homme. La France a appelé cet homme à grands cris, elle a entendu du bruit, des éclats de voix, des mots retentissants, elle a regardé, c'était un fantôme, ce n'était pas l'homme qu'elle cherchait. Elle a baissé la tête sous le poids de la douleur et demandé à Dieu, par les prières de ceux qui prient encore, l'homme puissant par l'intelligence, par le cœur et par les œuvres dont elle a besoin pour guérir les blessures que la Révolution lui a faites et réparer les désastres dont elle l'a accablée.

X

LA PRESSE

La presse est un moyen puissant de faire beaucoup de bien dans une société ou d'y causer d'affreux désastres. C'est un canal par lequel la pensée d'un homme arrive à l'intelligence et au cœur de tous les autres. Avec la parole on n'atteint qu'un nombre restreint d'auditeurs, avec la presse on atteint tout un peuple, le monde entier ; on répand ses idées dans les villes, dans les campagnes, on pénètre dans l'intérieur des familles, on s'adresse à tous les rangs, à tous les sexes, à tous les âges. Il n'y a pas de levier plus redoutable pour ébranler, agiter les esprits, mettre en mouvement ou contenir les passions, échauffer, exalter ou calmer les imaginations que cette merveilleuse invention des temps modernes. Un pays est ce que le fait la presse. On a prétendu que ses excès n'offraient aucun danger et que la raison des lecteurs rectifiait ses écarts, redressait ses torts et résistait suffisamment à ses entraînements, à ses injustices et à ses funestes doctrines. C'est une grave erreur : si la presse ment, la raison n'a pas sous la main la preuve du mensonge, si elle flatte les passions, si elles les irrite, la raison troublée chancèle et se laisse vaincre. L'homme a sans doute l'idée et l'amour du bien et du vrai, mais il a aussi un penchant prononcé pour le mal, un attrait violent pour le faux. Il est facile de le pervertir, il est difficile de le maintenir dans la vertu quand il y est, et de l'y ramener quand il s'en est écarté. La théorie philosophique que l'homme est bon est une théorie menteuse qui n'est fondée ni sur la nature, ni sur l'observation exacte de soi-même et des autres. S'il est vrai qu'il n'est pas absolument mauvais, il est vrai aussi qu'il n'est pas absolument bon, il est bon et mauvais tout à la fois, mais il est plus porté au mal qu'au bien, car pour pratiquer la vertu, des efforts sont nécessaires, pour se livrer au vice, il n'y a qu'à suivre l'inclination naturelle. L'homme ne ressemble point à l'eau en équilibre, indifférente à la direction qu'on lui fera prendre, il ressemble à un fleuve qui se précipite et dont il faut remonter le cours pour arriver au port. Voilà ce que dit une étude consciencieuse de la nature humaine, voilà ce que proclame l'expérience. Toute force qui agit dans le sens du courant accélère le mouvement et éloigne du but. Elle trouve un mobile disposé à la subir. Au contraire, toute force qui réagit rencontre un obstacle qu'elle est obligée de vaincre avant de prévaloir. On comprend dès lors quelle puissance fatale la presse exerce, quand elle est un instrument entre des mains déloyales et corrompues, et combien il est difficile à la presse honnête de lutter contre elle avec avantage et d'en neutraliser les effets.

Il faudrait donc dans la presse des hommes de bien, des hommes savants, de bonne foi, dévoués à la défense des saines doctrines, à la propagation d'idées bienfaisantes et utiles. Or, dans le temps où nous vivons, les hommes de bien sont rares et sauf d'honorables exceptions, la presse est dirigée par des écrivains qui ne méritent aucune estime, aucune considération. Ils sont impies, souvent sans mœurs, ils sont uniquement conduits par la passion de l'argent, par le désir de se faire un nom et d'arriver à des places lucratives. Ils se font acheter par le public en le démoralisant ou par le gouvernement en se faisant craindre. Ils n'ont ni le sens du vrai ni le sens de l'honnête, ils n'ont aucune conviction politique ou religieuse, ils soutiennent, selon leur intérêt, le pour et le contre sur la même question. Par instinct et par réflexion, ils sont ennemis de tout frein, de toute règle, de toute religion. La religion qu'ils attaquent avec le plus d'acharnement, c'est la religion catholique, parce qu'ils sentent sa force, parce qu'elle condamne sans ménagement, leurs mauvaises doctrines, leur mauvaise conduite, leurs perfides desseins. Le déisme, qui est une théorie et qui n'est pas une religion et ne pourra jamais l'être, ne les irrite pas ; le déiste est tolérant, n'a pas sur Dieu et sur les devoirs des idées bien précises, et la loi morale qu'il suit est large et facile. Si le protestantisme leur déplaît par certains restes de christianisme, il leur sourit par le libre examen. Ils comprennent que l'homme qui s'attribue, dans une religion révélée, le droit de tout examiner avec sa raison, de n'admettre que les dogmes qu'il juge à propos d'admettre, ne tardera pas, s'il est conséquent, de tout rejeter et de tomber dans un latitudinarisme sans bornes. Ils connaissent du reste assez la situation de la religion prétendue réformée, pour savoir où elle conduit un logicien tant soit peu exact. Le catholicisme, qui a un enseignement précis, qui soumet les intelligences à une foi parfaitement définie, les cœurs à une morale austère, l'homme tout entier à une discipline inflexible, qui résiste depuis tant de siècles aux efforts de tous les philosophes, de tous les hérétiques et des plus sanglantes persécutions, voilà l'ennemi contre lequel ils dirigent avec ensemble leurs attaques persévérantes et furieuses. Les uns agissent avec un apparent respect, avec une sournoise hypocrisie, les autres avec un langage violent et sans mesure, tous avec une haine profonde. Comment, en effet, pendant que cette puissante religion sera debout, pourra-t-on rendre la société panthéiste, matérialiste, socialiste ? Il faut donc s'unir, former une vaste association dans le but unique de la détruire, il faut employer tous les genres de publication en prose et en vers, les livres, les brochures, les journaux, les pièces de théâtres, il faut rempli d'ouvrages impies et immoraux, de feuilles voltairiennes, les librairies, les places publiques, les gares de chemin de fer, atteindre la famille à son foyer, le voyageur sur sa route, le promeneur dans les promenades. Voilà bien la conspiration ourdie au dix-neuvième siècle, conspiration conduite avec une satanique habileté et une activité infatigable.

Aussi a-t-elle étendu son action à toute la France et produit partout d'immenses ravages. C'est par elle que l'athéisme pratique s'est propagé dans la société et s'est répandu dans l'air, de telle sorte que toutes les intelligences sont plus ou moins dévoyées. On le voit dans tous les lieux, dans tous les lieux on le respire, nulle part on ne peut échapper à son influence. Comment en effet ne pas subir l'enchantement d'un livre qu'on a sans cesse entre les mains, d'une feuille dont on fait sa lecture habituelle, d'une société de toutes les heures et de tous les jours ? L'habitant de la campagne n'est point à l'abri des mauvais journaux et des mauvais livres ; vendus à bas prix, ils lui arrivent jusqu'au milieu des champs, et s'il ne les lit pas, son oreille en entend les échos corrupteurs.

Les nombreux auteurs de ces tristes ouvrages ne se sont point donné la peine de travailler sérieusement avant d'écrire et d'étudier les questions qu'ils traitent. Le catholicisme, qui a produit depuis l'origine tant d'hommes de génie, tant d'illustres docteurs, de savants distingués, de saints éminents, impose au moins le respect aux esprits graves et réfléchis. Eux ignorent, méprisent, vilipendent et bafouent. Sans connaissance du dogme, sans connaissance de la morale, sans études historiques, ils calomnient, ils avancent avec un aplomb imperturbable des faits controuvés ou présentés sous un faux jour. Pour réfuter une page de leurs écrits, il faudrait des volumes. Ils savent que leurs lecteurs sont aussi ignorants qu'ils le sont eux-mêmes et prendront comme certain tout ce qu'ils écriront avec assurance. Ils auront trompé, ils auront semé dans les esprits des préjugés, des erreurs, des haines, des impiétés, le but est atteint. Ils mentent quelquefois à leur insu, mais le plus souvent ils mentent avec réflexion et dans l'intention arrêtée de répandre l'erreur et la calomnie.

La presse, du reste, n'est plus aujourd'hui la fonction d'un homme de bien qui se propose d'éclairer, d'instruire, de donner d'utiles avis, de communiquer des connaissances acquises par une étude laborieuse, elle est une marchandise. Dans ce siècle de matérialisme, on a matérialisé ce qu'il y a de plus spirituel, la pensée; on a avili ce qu'il y a de plus noble, l'âme humaine. L'écrivain de nos jours ne travaille donc pas dans un autre but que l'industriel le plus vulgaire, il travaille pour vendre. Il y a des compagnies de journaux et de Revues, comme il y a des compagnies de chemins de fer et de mines, des compagnies d'usines pour fabriquer des marchandises frelatées. L'écrivain ne s'appartient pas, il appartient à la compagnie, qui tient à faire un commerce lucratif, à réaliser des dividendes considérables; elle examine, si en corrompant, si, en flattant les passions de la multitude, en lui servant chaque jour les plus mauvaises doctrines, en mettant sous ses yeux les tableaux les plus immoraux, elle fera de meilleures affaires qu'en défendant la vérité et en flétrissant le vice. Comme le goût dépravé du lecteur recherche avec avidité les histoires scabreuses, les tartines impies, le blâme infligé à ceux qui gouvernent, les déclamations contre l'ordre existant, contre tout ce qui est saint et vénérable, la compagnie entend que le journal ou la Revue soient rédigés dans ce sens, et l'écrivain lui vend pour cet honorable travail sa plume et sa conscience.

S'il ne faisait qu'affermir dans le mal le lecteur qui,

de propos délibéré, se plaît dans les mauvais journaux, ce serait encore une action coupable, un déplorable ministère, mais comme la feuille corruptrice se trouve dans tous les lieux publics, un grand nombre de personnes boivent, sans s'en douter, le poison qui leur est servi.

Au lieu donc de remplir une mission civilisatrice, de ramener au vrai ceux qui s'en éloignent, de rappeler dans la voie du bien ceux qui l'ont quittée, en un mot de rendre les hommes plus pieux, plus moraux, plus respectueux pour l'autorité, la presse a flatté le vice, a provoqué au mépris de la religion et de ses ministres, à l'insurrection, aux jouissances du luxe, à l'énervation des âmes. C'est cette triste et honteuse pensée qui a inspiré tant de romans, de feuilletons, de pièces de théâtre, de volumes et de journaux. C'est un crime contre la société, mais c'est aussi un crime contre l'individu. Enlever des croyances consolantes et fortifiantes en même temps aux travailleurs des usines et aux travailleurs des champs, les livrer sans défense aux passions les plus dangereuses; c'est un affreux attentat. Quelle force morale peut alors les soutenir dans leurs épreuves, dans leurs rudes travaux, dans les peines de la vie, en même temps nombreuses et inévitables? Ils ne croient plus à un monde meilleur où seront récompensés les sacrifices en raison précisément du dévouement qu'ils ont imposé, de la patience et de la généreuse résignation dont ils sont la preuve. Les citoyens qui remplissent le rôle ignoble d'enlever à la douleur son auréole de gloire, de découronner la pureté des mœurs et la sainteté de la vie, sont les ennemis les plus redoutables de la paix publique, de la puissance et de la prospérité du pays et du bonheur des familles. Les voleurs, les assassins, les vendeurs de poison sont moins à craindre que ces écrivains sans conscience et sans religion. Les meurtres et les empoisonnements excitent à l'instant l'indignation populaire, appellent le bras de la justice. Un livre qui pervertit les esprits et les cœurs exerce dans les ténèbres sa funeste influence et prépare, dans le secret et le silence, les crimes qui épouvantent la société et la conduisent à sa ruine. On s'arrête malheureusement aux effets, sans remonter à la cause ; on est indulgent pour celle-ci ; on entoure d'une certaine considération le corrupteur et l'on est plein d'horreur pour la victime de la corruption ; on met des couronnes sur la tête de l'écrivain qui a suggéré les mauvais conseils, et l'on enferme dans une prison ou l'on mène à l'échafaud celui qui les a suivis.

Ce sont les mauvaises Revues, les mauvais livres, les mauvais journaux qui ont troublé les idées en France, qui ont jeté la confusion dans les intelligences, semé la division entre les différentes classes de citoyens, excité l'esprit d'insubordination dans la nation entière, semé partout la perturbation et le désordre. Par eux se sont répandues les doctrines qui ont abaissé notre caractère autrefois chevaleresque, qui nous ont rendu le peuple le plus difficile à gouverner, le peuple, par une singulière contradiction, le plus disposé à courber la tête sous la verge d'un despote ou à se précipiter dans l'anarchie. Quelle est la doctrine la plus abominable qu'ils n'ont pas prêchée, quel est le crime qu'ils n'ont pas justifié, quelle est la chose sainte qu'ils n'ont pas tournée en ridicule.

bafouée, livrée au mépris ou à la haine ? Si on faisait un recueil de toutes les maximes impies et immorales, des enseignements funestes, des calomnies et des diatribes éhontées de cette presse audacieuse, on serait effrayé du nombre des volumes et des abominations qu'ils renferment. Et ces hommes réclament une liberté illimitée. Quoi ! on sacrifiera la religion, les mœurs, la dignité, la tranquillité de trente-neuf millions de Français à quelques milliers de méprisables écrivains ! Ce serait un crime. Tout gouvernement qui le commettra succombera sous les phrases de ces téméraires et irresponsables conspirateurs et laissera la nation en proie à des révolutions interminables. Tout citoyen a droit à la liberté, personne n'a droit à la licence ; toute liberté individuelle est limitée par l'intérêt public. En France, malheureusement, nous subissons l'empire des théories et nous manquons de sens pratique, nous admettons des principes sans en prévoir les conséquences, et notre goût pour l'idéal est si prononcé que, lorsque la réalité nous frappe, nous refusons de remonter à la source, et lorsque forcément nous y remontons, nous aimons mieux supporter les effets, quelque nuisibles qu'ils soient, que de supprimer la cause ; périsse la France plutôt qu'un principe même mauvais ! Et cependant, il est raisonnable, il est juste, il est politique que tout citoyen ait le droit d'éclairer, d'édifier, de répandre des idées salutaires ; mais qu'aucun citoyen, quelque soit son talent, n'ait le droit de pervertir, de démoraliser, de calomnier, d'insulter et de troubler l'ordre.

La presse telle qu'elle existe aujourd'hui n'a pas seulement détruit les croyances et corrompu les mœurs, elle a encore causé la déchéance de notre belle littérature nationale ; elle a abêti les écrivains et les lecteurs. Depuis que l'on publie un si grand nombre de Revues et de feuilles légères en France, tous les hommes qui ont quelque talent pour écrire cherchent à se faire une place parmi les rédacteurs de ces œuvres éphémères. Au lieu de perfectionner leur goût, de développer leur intelligence, de fortifier leur raison en étudiant les bons modèles, en approfondissant les matières, au lieu de viser à être des écrivains sérieux, capables, ils composent, sans préparation, à peine sortis du collége, et marquètent leurs articles de ces phrases vulgaires qui sont devenues le domaine public, les lieux communs du journalisme, littérature de mauvais aloi qui ne formera jamais un écrivain de mérite. Ne pouvant pas briller par le style et l'éclat de la composition, ils cherchent à briller par des idées étranges, par des paradoxes, par des sentences bizarres; incapables de s'élever assez pour atteindre les sentiments nobles de la nature humaine, ils s'adressent à ses instincts les plus bas, à ses penchants égoïstes et charnels. Où sont aujourd'hui les grands écrivains qui donnèrent à notre littérature cette élévation, cette pureté, cette magnificence qui en firent la première littérature de l'Europe? Quelques auteurs, nés à la fin du siècle dernier ou au commencement de celui-ci, ont continué leurs traditions : ils disparaissent et ne sont pas remplacés.

Tant il est vrai que pour être un grand écrivain, il faut unir au talent des idées élevées, de nobles sentiments, une conviction profonde, et que les inspirations de l'athéisme, de l'immoralité et de l'orgueil ne peuvent que matérialiser les intelligences et flétrir les cœurs. L'âme humaine a une vie qui lui est propre, la vie de la raison, la vie des pures et des divines croyances ; quand elle est subjuguée par les sensations et les passions grossières, elle est comme un ange dont on a coupé les ailes, elle ne s'élève plus vers les cieux d'un vol sublime, elle patauge et croupit dans la boue. Les écrivains de nos jours n'ont pas seulement tué la foi et la poésie dans les âmes et corrompu les mœurs, ils ont avili la génération qui les lit, et malheureusement cette génération ne lit que leurs médiocres et ordinairement très-pauvres productions. L'habitude de ce siècle, c'est de ne lire que des publications légères et frivoles, et cette lecture prend tout le temps que l'on pourrait consacrer à de fortes études. Les magistrats, les négociants, les industriels ne connaissent que l'instruction vide ou erronée qu'ils trouvent dans les brochures mensuelles ou dans les feuilles quotidiennes. Aussi, dans notre savante patrie, il y a une déshonorante égalité de préjugés et d'ignorance. On ne lit plus un livre bien fait, un livre de longue haleine, un travail qui demande une attention prolongée, une application fatigante de l'esprit. On ne veut pas s'instruire, on veut se distraire et s'amuser. On a laissé de côté les classiques grecs, les classiques latins, la littérature immortelle du dix-septième siècle ; si l'on sort de son époque, c'est pour feuilleter Voltaire et Rousseau, parce que le premier est impie, railleur et superficiel, et parce que le second est bizarre et paradoxal. Quels obstacles de tels esprits peuvent-ils opposer aux théories les plus extravagantes ; quelle science acquise peut les préserver des erreurs les plus palpables en histoire, en philosophie et en politique? Quels secours peuvent-ils prêter à la bonne direction des peuples, à l'administration habile et intelligente des affaires publiques? Comment, quand on n'a jamais sérieusement et persévéramment travaillé, quand on n'a jamais mûrement réfléchi, quand on n'a jamais approfondi les questions, étudié avec soin et application les personnes et les choses, pourrait-on rendre à la société de véritables services? Où trouver des hommes d'État, des hommes de science pratique, d'expérience consommée? Où trouver même des militaires profondément versés dans leur art, des magistrats solidement instruits, dans une nation formée par les Revues et les journaux du dix-neuvième siècle? On comptera un grand nombre de parleurs, de faiseurs de harangues, de causeurs intarissables, mais jamais un penseur. On a des Athéniens du temps de Démosthène, mais on n'a plus des Français du temps de Colbert.

Il faut le dire à notre honte. La presse française est beaucoup plus dévergondée, beaucoup plus impie que la presse étrangère. Tout ce qui s'écrit en Amérique, en Angleterre et en Allemagne, n'est pas toujours aussi religieux, aussi chaste et aussi irréprochable qu'on pourrait le désirer; néanmoins, il faut rendre à ces pays la justice qui leur est due. On y respecte ordinairement ce qui est respectable; on n'y a point contre la religion, contre les mœurs et contre le gouvernement, la fureur qui nous distingue. A quoi cela tient-il? A notre caractère ardent et léger, à l'impulsion révolutionnaire donnée aux esprits par le mouvement de 89, et à la présence du catholicisme parmi nous. La révolution a semé le mépris de l'autorité et le goût d'une folle indépendance dans la génération qui nous a précédés et dans la génération actuelle. Le catholicisme a le privilége d'exciter la haine parmi ses ennemis. Le protestantisme n'irrite pas les incrédules, il a avec eux des affinités secrètes ; ils le tolèrent volontiers et le voient sans aversion. Le catholicisme est inflexible sur le dogme et la morale ; il est ferme sur le principe d'autorité et ne fait pas de concessions. Pour le battre en brèche, il faut à la fois attaquer la doctrine et corrompre les mœurs. La doctrine ébranlée, les mœurs s'en vont ; les mœurs corrompues, la doctrine succombe. Voilà la cause de la rage insensée de la presse moderne. Elle ne fait point une œuvre de civilisation, elle fait une œuvre satanique ; on ne peut pas expliquer autrement le mystère de la guerre déclarée depuis plus de cent ans à la religion la plus pure, la plus sainte, la seule divine, la seule vraie. On ne peut pas expliquer autrement la différence qui existe entre la presse étrangère et la nôtre. Le catholicisme est plus fort, plus enraciné, plus répandu en France qu'ailleurs, pour le détruire, le dévergondage et la violence doivent y éclater avec plus de fureur et de persévérance.

XI

LA FRANC-MAÇONNERIE

Nous avons vu les principes, les circonstances et les moyens qui ont contribué à répandre l'athéisme pratique en France ; nous n'avons pas encore parlé de son sacerdoce. Le sacerdoce chez tous les peuples a pour but le culte public rendu à la divinité. Le prêtre est l'homme sacré, l'homme spécialement dévoué au ministère des autels. Avoir un sacerdoce sans Dieu, cela est inouï, la franc-maçonnerie nous offre cependant ce singulier spectacle. N'est-ce point là une calomnie? Il est possible que les anciens francs-maçons reconnussent un Dieu théorique, le Dieu d'Épicure. Aujourd'hui l'association a fait des progrès. Dans une réunion célèbre, Dieu, mis aux voix, n'a eu qu'une insignifiante majorité. Il est donc constaté qu'un nombre considérable de francs-maçons sont athées en théorie et en pratique. Pour ceux qui parlent encore du grand Architecte de l'Univers, ce mot est un mot sonore qui ne désigne rien de précis et de déterminé. Une secte en effet qui conspire par tous les moyens possibles le renversement du trône et de l'autel, qui oblige ses membres, lors de leur initiation aux degrés supérieurs, de poignarder deux mannequins dont l'un représente le roi, l'autre le pape, et qui commande l'assassinat des frères infidèles au secret, ou des hommes qui sont un obstacle à ses desseins, ne croit pas à l'existence d'un Dieu ennemi de l'injustice et du crime, du Dieu véritable. Son Dieu peut être le chef des enfers, mais il n'est pas le Dieu infiniment parfait. Que cette société par conséquent parle de l'Architecte de l'Univers ou qu'elle n'en parle pas, pratiquement elle a la même doctrine, l'athéisme.

L'organisation de la franc-maçonnerie est à elle seule une preuve incontestable de ses redoutables et perfides projets, c'est une société secrète. Le bien ne craint pas la lumière ; quiconque se cache, quiconque cherche les ténèbres a quelque chose de compromettant à couvrir. La religion craint-elle de faire au grand jour ses cérémonies, de prêcher son dogme et sa morale dans les chaires publiques ? Elle ne cherche qu'à être connue et déplore le malheur d'être ignorée. Elle fut obligée de se réfugier dans les catacombes, mais ce n'était pas pour dérober l'Évangile à la connaissance des hommes, c'était pour échapper à la persécution. Elle ne révélait le dogme de l'eucharistie qu'à ceux qui avaient reçu le baptême, non pour le cacher, mais pour ne pas l'exposer aux moqueries et à la profanation des païens. Devenue libre, elle construisit des temples ouverts à tous les hommes et n'alla plus aux catacombes que pour y vénérer les restes des martyrs. Dans le catholicisme, la doctrine toute entière est enseignée à tous les fidèles, la foi est la même pour toutes les classes de la société. Pourquoi, dans la franc-maçonnerie, ces degrés d'initiation qui font participer au secret dans des mesures diverses ? Pourquoi les simples maçons ne savent-ils rien des mystères de la secte et ne regardent-ils la société que comme une société de bienfaisance, tandis que les membres gradués ont dans des proportions différentes la connaissance de secrets ignorés des simples maçons et des degrés inférieurs ? N'est-il pas étrange, n'est-il pas immoral que les frères soient obligés par serment à obéir aveuglément à des ordres dont ils ignorent l'étendue, la nature et l'origine ? Dans les ordres religieux que la franc-maçonnerie abhorre, aucun profès n'émet ses vœux sans avoir une parfaite connaissance de la règle et des engagements auxquels il se soumet. Il se lie librement et sait jusqu'où sa liberté est liée.

Dans la franc-maçonnerie, les membres deviennent des esclaves aveugles dont la liberté appartient à des chefs inconnus. C'est là vraiment le cadavre faussement reproché aux Jésuites. Quoi de moins libéral et de moins moral en même temps que d'enchaîner ainsi des volontés dont on dispose à son gré, de faire des associés autant de machines dont on se sert pour réaliser de mauvais desseins? Au lieu de dépendre de la sainte et adorable volonté de Dieu comme le chrétien, comme le religieux, le franc-maçon dépend des caprices d'un ou de plusieurs chefs sous l'empire desquels il agit sans raisonnement et sans conscience. Il n'y a certes pas d'esclavage plus humiliant, de situation plus abaissée. Tel est cependant le sort du franc-macon. Il doit penser ce que pense la secte, faire ce que veut la secte, appartenir comme individu et comme citoyen à la secte, coopérer à tous ses plans dans l'ombre ou à la lumière, et nommer ses candidats dans les élections. Administrateur, il est obligé de donner aux sociétaires le pas sur les autres citoyens, industriel, négociant, son devoir est de leur donner des emplois, de les faire participer aux bénéfices, cexlusivement s'il est possible. C'est la fraternité, c'est l'égalité, c'est la liberté de la franc-maçonnerie. Son cadavre n'est ni au maçon ni à ses parents, il est à la secte, car le despotisme qu'il subit le domine vivant et mort, et l'on a vu, malgré les réclamations de la famille, des sépultures sans prières et sans cérémonies religieuses parce que la secte, après avoir imposé ses doctrines pendant la vie, étendait son pouvoir impie jusque sur la tombe. Elle n'aime pas, pendant que le sociétaire existe, qu'il croie à l'immortalité de l'âme et à la justice de Dieu, elle ne veut pas que l'espérance chrétienne rayonne sur son cercueil

Fondée dans le dernier siècle, la franc-maçonnerie a fait dans l'espace d'un peu plus de cent années d'épouvantables progrès. Elle a préparé et fait éclater toutes les révolutions, elle a dirigé toutes les conspirations qui ont été ourdies contre Dieu et l'Église, agissant, tantôt avec une cruelle violence, tantôt avec une hypocrisie calculée. Elle inspire la presse, elle dicte les lois et les rend oppressives pour le catholicisme, elle met contre lui, dans l'administration, une sourde et constante hostilité, elle a la main au poignard pour des exécutions ténébreuses, elle déclare la guerre et la conduit souvent à son gré, ménageant suivant ses intérêts et ses passions les victoires ou les défaites. Elle ne fait pas seulement sentir son action dans un État ; elle embrasse le monde entier, elle a partout des adeptes et des agents, ne se proposant rien moins que la chute de Dieu et de la religion, pour arriver à une prétendue rénovation sociale qui serait la plus horrible confusion, une orgie de l'impiété bien plus effrayante que l'état sauvage. Les mœurs dont nous avons parlé, l'athéisme pratique dont nous avons montré la présence et les effets, les agitations politiques et religieuses, les bouleversements qui ne laissent aux nations ni paix ni trêve, les guerres qui ensanglantent l'Europe depuis plus d'un siècle, les divisions intérieures, les crimes atroces des révolutions, tous ces malheurs sont plus ou moins son œuvre. Il y a aujourd'hui en présence deux forces opposées par les doctrines, par les moyens et par le but, le catholicisme et la franc-maçonnerie. Tout ce que le catholicisme affirme, la franc-maçonnerie le nie ; tout ce qu'il établit, elle s'efforce de le démolir ; son marteau est destiné à réduire en poudre cette pierre angulaire de la civilisation, et sa truelle à bâtir sur ses ruines le temple de l'athéisme.

Une révolution vient d'avoir lieu ; un membre de la secte est tombé parce qu'après avoir avancé son œuvre il l'entravait ; aussitôt les congrégations religieuses sont expulsées, l'enseignement de l'athéisme dans les écoles est proclamé. Les membres du gouvernement ne prononcent jamais le nom de Dieu. Nos revers, c'est la fortune qui les cause ; nos succès, hélas ! ils ont été rares, c'est la fortune qui nous revient. Voilà bien la profession de foi de l'impie société. Comment s'étonner que le Saint-Siége, si clairvoyant dans les questions religieuses et sociales, ait montré sa sagesse et sa prévoyance accoutumées en frappant de ses anathèmes cette association funeste qui, comme un serpent, enlace dans ses replis la bourgeoisie, la classe ouvrière, et atteint jusqu'aux paisibles habitants des campagnes. Il ne s'est pas seulement proposé de sauvegarder la foi et les mœurs dont il est le protecteur infaillible, mais encore d'ouvrir les yeux aux chefs des empires et de leur révéler les ennemis les plus redoutables de leur autorité et des intérêts publics. Ils n'ont pas voulu entendre la voix amie qui les avertissait, ils ont pensé qu'en se faisant initier eux-mêmes, ils éviteraient le péril, comme un homme qui, au lieu de combattre les brigands qui menacent sa vie, s'unit à eux pour calmer leur colère. Bientôt il tombe deshonoré, victime de sa lâcheté et de sa coupable conduite.

XII

ANTHROPOMORPHISME

Supprimer dans la société le Dieu qui est à la fois créateur, conservateur, providence, voilà bien la tendance de la philosophie, de la littérature et de la politique de notre époque, et cette tendance n'est malheureusement pas restée sans atteindre le but. Un Dieu qui a l'œil ouvert sur les pensées, sur les actions de tous les hommes, qui est présent par sa sagesse, par sa puissance et sa justice, à tous les événements, qui ne laisse à la liberté humaine, sans la détruire cependant, qu'un pouvoir relatif et subordonné et qui va sûrement au résultat qu'il se propose d'obtenir, n'entre pas dans les conceptions de la plupart de nos contemporains. Les uns nient positivement Dieu, les autres, en supposant qu'il existe, le placent dans de lointains espaces sans souci de ce qui se passe sur la terre, c'est le plus grand nombre. Ils sont persuadés qu'entrer dans le détail des pensées et des actions des hommes et des sociétés, diriger le monde matériel et le monde moral serait, pour l'Éternel, à la fois une occupation accablante et indigne du haut rang qu'il occupe dans la chaîne des êtres. Ils mesurent la Majesté divine à leur petitesse et s'imaginent que ce qui dépasse leurs forces et leur intelligence est une fatigue, une occupation trop minutieuse pour l'Éternel, comme s'il pouvait être sans avoir la science absolue, sans exercer la puissance absolue, en un mot sans être Dieu.

Mais l'idée de l'Être infini est tellement naturelle à l'homme, si profondément enracinée dans sa raison, que quand il la rejette sous sa véritable forme, il l'admet aussitôt sous une forme fausse et incomplète. Le paganisme avait matérialisé Dieu, il le voyait dans toutes les forces de la nature, il l'avait incarné et l'adorait dans les hommes supérieurs. Il le voyait où il n'était pas, mais il ne pouvait éviter de le voir de quelque manière. Il en est encore ainsi de nos jours. Les athées ont l'ambition de régner sur les peuples, ils cherchent à exercer le pouvoir, à acquérir la considération de la multitude et à concentrer sur eux son admiration et ses hommages. Ils ont détrôné Dieu pour se mettre à sa place, et la foule abêtie est très-disposée à prendre ces divinités vulgaires et souvent méprisables pour le souverain Maître du ciel et de la terre qu'on lui a fait oublier. Cette prétention à se diviniser d'une manière quelconque excite parmi les compétiteurs une lutte ardente. S'ils veulent la République, c'est pour avoir une position et une fortune qu'ils n'avaient pas sous la monarchie. Sous leurs phrases sonores, sous leurs professions de dévouement au bonheur de l'humanité, il y a un personnage que tout cela tend à révéler, c'est le Dieu caché qui veut se produire et recevoir les adorations; si la République est remplacée par l'empire, le citoyen autrefois si fier, si indépendant, s'empressera d'offrir ses mains à des chaînes d'or, sa tête à une couronne de marquis, de comte, de duc, son cou au joug d'un collier, d'une brillante décoration, et son dos à toutes les souplesses de la servitude. Ce Cincinnatus qui ne parlait que de vie simple et austère, d'habitation modeste, de chaumière, de vêtements grossiers, et se contentait d'être un faune ou un satyre aux yeux de ses adorateurs, quitte volontiers son humble genre de vie pour une existence opulente et aisée, sa chaumière pour un château, son costume agreste pour l'habit brodé du sénateur ou du conseiller d'État. Il serait avec plaisir Jupiter, mais la place étant prise, il est satisfait d'être Mars, Apollon ou Vulcain, pourvu qu'il habite sur l'Olympe. Quelque soit son rang sur cette montagne divine, il usera du pouvoir avec le sentiment de sa dignité. Au nom de la liberté, il entend que tous pensent comme lui et exécutent ses volontés ; au nom de la fraternité, il proscrit quiconque ne l'adore pas, et au nom de l'égalité, il exige une égale profusion de louanges et d'encens. République, empire ou monarchie, cela est indifférent pourvu qu'il soit Dieu. Le régime qu'il préfère n'est pas celui qui pourrait être le plus utile à son pays, mais celui qui favorisant ses passions et ses intérêts l'élève davantage.

Le peuple athée est très-porté à admettre les dieux mortels, à leur ériger des autels, des statues, à leur offrir de l'encens. Le peuple romain vénérait le dieu Auguste, le dieu Tibère, le dieu Caligula, le dieu Néron, il s'empressait dans les temples de ces méprisables divinités. Il créait des dieux à son image, il aimait à trouver ses passions et ses basses aspirations dans la divinité qu'il fabriquait. Il appelait athées les chrétiens qui adoraient le Dieu trois fois saint et les immolait par la main du bourreau ou les dents des lions au génie de César. Un peuple pervers aime des dieux pervers, il n'aime pas Jésus-Christ, il n'aime pas le vrai Dieu.

Le peuple français a eu aussi et a encore ses divinités, Marat, Danton, Robespierre, Napoléon Ier et en dernier lieu Napoléon III ; il a même eu Garibaldi et la ville d'Autun a rendu à ce Mercure du dix-neuvième siècle les hommages qu'elle rendit à Auguste ; cité fidèle aux vieux souvenirs !

On peut juger de l'état moral d'un peuple par les hommes qu'il admire, par les statues qu'il érige. Une population qui s'enthousiasme pour Voltaire, qui, pour rappeler la mémoire de ce patriarche de l'impiété, élève en son honneur un monument public est digne de son héros par ses sentiments, par ses mœurs et par son patriotisme. Voltaire fut un mauvais fils, un mauvais frère, un ami perfide, un mauvais Français, un homme sans mœurs et sans probité, un écrivain passionné, sans bonne foi, qui ne respectait dans ses écrits ni l'honneur ni la réputation de ceux qu'il jalousait ou qu'il haïssait, un ennemi implacable de la religion catholique et de la France. Il faut rendre à notre pays la justice qui lui est due, il est resté dans son ensemble étranger à l'œuvre de M. Havin, mais cette œuvre était digne des souscripteurs dont elle fait connaître la pensée, digne du journal qui a ouvert la souscription et digne de l'empire qui a inauguré la statue. Ce monument d'athéisme, de mœurs abaissées et corrompues, de lâcheté et de trahison, devait être élevé dans la capitale de la France, au moment de nos inexprimables désastres, pour annoncer au monde qu'un peuple qui insulte ainsi à la foi, à la loyauté, à la patrie, mérite l'humiliation inouïe qui l'accable. Le roi de Prusse, s'il fût entré dans Paris, aurait réalisé le vœu de Voltaire en faveur de Frédéric II; il se serait rendu devant sa statue et aurait déposé une couronne sur la tête du profanateur de la pureté et du patriotisme de Jeanne d'Arc. C'est lui en effet qui lui en a ouvert les portes en rendant la France impie et révolutionnaire, en la démoralisant et en attirant sur elle un châtiment terrible. Jeanne d'Arc, héroïne de l'Église a délivré la France des Anglais, Voltaire, héros du Siècle, l'a livrée aux Prussiens.

XIII

PARIS

Paris est la capitale de la plus ancienne et de la plus illustre nation de l'Europe. Il a eu sa part dans les triomphes du peuple français. Sous Louis XIV, la grande cité fut le centre d'un mouvement littéraire et scientifique à jamais mémorable. Là écrivirent Corneille et Racine, là prêchèrent Bourdaloue, Bossuet, Massillon, là les Bénédictins publièrent leurs grands travaux, leurs remarquables et savantes éditions des Pères de l'Église. Paris, quoique capitale de la France, n'avait pas jusqu'à cette époque joué le rôle important qui sera désormais le sien. Le grand roi avait voulu réunir autour de lui tous les hommes de génie, les membres de la plus haute noblesse, la fortune et l'éclat de la province. La centralisation, commencée sous Richelieu, prit sous son règne de la force et de l'étendue. Les provinces conservaient encore leurs assemblées, leurs parlements, leurs universités et leurs priviléges, mais elles ne se mouvaient plus avec la même liberté et la même indépendance. Sous Louis XV et Louis XVI, Paris ne perdit rien de sa prépondérance et 89 l'augmenta et la rendit définitive. Les représentants de la nation supprimèrent toutes les libertés provinciales et fractionnèrent les anciennes divisions territoriales en départements, afin de diminuer leur importance et leur action, et concentrèrent toute l'administration, toute la vie du pays dans la capitale. Ce fut un moyen de répandre leurs idées sans résistance, sur toute la surface de la France. Paris décidait, commandait, le pays tout entier se soumettait passivement et exécutait les ordres du pouvoir central.

L'usage que Paris fit de la position nouvelle qu'on lui avait créée ne fut point utile à la tranquillité et à la prospérité de la nation. Il entendit dominer les assemblées, et par les assemblées le pays. La Commune de Paris, les clubs prenaient des résolutions, les dictaient aux législateurs et sous forme de lois les envoyaient aux habitants de la province. Autrefois, la province avait sa vie, sa pensée, son activité; elle agissait en pleine liberté, sans se préoccuper des Parisiens et de leurs aspirations. Désormais, tout sera changé. Paris sera la tête et le cœur de la France, les départements trop faibles pour résister feront, sans conscience, comme des instruments, ce que l'orgueilleuse et despotique capitale aura commandé ; tous les hommes capables afflueront dans son sein, tous les hommes à mauvais desseins s'y donneront rendez-vous ; elle sera le centre de la science, du crime et des révolutions ; elle sera la cause des malheurs et de la décadence du pays.

Après la chute du premier empire et le rétablissement des Bourbons, la France réparait ses désastres et jouissait d'une merveilleuse prospérité. Le commerce avait pris un immense développement, l'industrie avait multiplié ses usines, l'agriculture produisait beaucoup et vendait ses produits à des prix rémunérateurs, les impôts étaient modérés et la dette publique, malgré l'invasion, avec un budget qui ne s'élevait pas à un milliard, n'avait atteint qu'un chiffre peu considérable. La liberté était garantie à tous les citoyens et à tous les cultes, la licence seule était réprimée; les relations avec les puissances étrangères étaient amicales et pacifiques. Le gouvernement, agissant avec loyauté et patriotisme, appelait aux affaires tous les hommes capables de servir le pays. La France avait repris sa haute position en Europe et nos armées victorieuses ajoutaient au territoire national, malgré l'Angleterre, la partie la plus fertile du littoral africain. Le présent était assuré et florissant, et l'avenir se montrait avec les plus riches espérances ; mais le roi, prince honnête, chevaleresque et sincèrement dévoué, comme ses ancêtres, aux intérêts et à la gloire de la patrie, était un catholique fervent. Pour ce motif, il n'avait pas l'assentiment des Parisiens. Sans s'inquiéter des vœux de la

France qui, pour eux, ne comptait pas, ils jugèrent à propos de renverser le gouvernement de la Restauration par trois sanglantes journées de guerre civile, et annoncèrent à la nation qu'ils avaient choisi pour roi le chef de la branche d'Orléans.

Le trône du nouveau roi reposait sur les pavés qui avaient frappé son prédécesseur, c'était une base peu solide. La capitale savait qu'à elle seule elle pouvait, selon ses caprices, faire un roi, et selon ses caprices, le défaire. La position de Louis-Philippe était par là même difficile. Il devait gagner les bonnes grâces des Parisiens, et se faire accepter par les souverains de l'Europe. Il accorda beaucoup aux idées révolutionnaires, il se montra constamment hostile à la religion, il laissa à la presse impie et démoralisatrice une funeste liberté; c'était un moyen de plaire à ceux qui lui avaient donné la couronne. Devant l'étranger, il ne porta pas haut le drapeau de la France; il le ménagea, évita tous les conflits avec un grand soin, et, pour calmer la mauvaise humeur de l'Angleterre, renonça à la prise de possession des États de la reine Pomaré, et accorda à Prittchard l'indemnité demandée. Néanmoins, les agitateurs de la capitale n'étaient pas satisfaits. On conspira, on se battit dans les rues, on attenta six ou huit fois à la vie du souverain, et après de nombreuses tentatives, on arriva au but; on chassa Louis-Philippe, on brûla son trône et l'on proclama la République. La France, qui n'était point républicaine, accepta cette forme de gouvernement parce que c'était la volonté de Paris.

L'assemblée qui se réunit au palais Bourbon n'était ni

révolutionnaire, ni socialiste ; elle déplut aux faiseurs d'émeutes ; elle fut attaquée à main armée, et sans le courage des soldats et des généraux, elle eut été culbutée et renvoyée dans ses foyers. Un président fut élu. Son élection ne doit pas moins être attribuée à la peur que la province avait de la révolution qu'aux souvenirs glorieux de son oncle. Il viola la Constitution pour rétablir l'empire, et l'empire reçut les suffrages du pays qui voulait avoir la paix, la sécurité et le travail. Le premier soin de l'empereur fut d'être agréable aux Parisiens. Il chercha à les amuser : il démolit et rebâtit leur ville, persuadé qu'en faisant de la capitale une cité de sybarites, il satisferait d'insatiables épicuriens. Pour les distraire, il fit des guerres ruineuses. Ils sont amateurs d'impiétés : il laissa aux journaux, aux Revues, aux professeurs, la liberté entière d'insulter Dieu, de calomnier le pape, les évêques et le clergé, de les rendre suspects et odieux au peuple ; il chargea du ministère de l'instruction publique un ennemi déclaré de la religion, et poussa l'Italie dans le projet depuis longtemps tramé de renverser le pouvoir temporel du pape. Ils sont amateurs d'immoralités : il multiplia les théâtres, les fêtes publiques ; il encouragea les auteurs à composer les pièces les plus hideuses et les plus dégoûtantes ; il les traita comme les Césars traitaient la plèbe romaine et s'efforça de leur donner du pain et des jeux. Vaine tentative, ils étaient toujours menaçants. Il pensa leur procurer une distraction en faisant la guerre à la Prusse, mais il fallait vaincre, et ses armées furent défaites. C'était pour les Parisiens une occasion favorable, ils ne la laissèrent point échapper ; ils assaillirent la Chambre, la déclarèrent dissoute et nommèrent un gouvernement de la défense nationale qui fut, comme les autres, expédié à la province par le télégraphe.

L'histoire dira leur héroïsme pendant le siége ; ils en donnèrent un bel exemple le 31 octobre. Le général Trochu devait faire face aux Prussiens du dedans et aux Prussiens du dehors : c'était trop de Prussiens à la fois pour sauver la France.

L'Assemblée élue par le suffrage universel, réunie d'abord à Bordeaux, a montré beaucoup de sagesse en ne se rendant pas à Paris, car les habitants de la grande cité, qui s'attribuent le droit de disposer de la France, auraient dans ce moment disposé de ses députés, et nous verrions partout flotter le drapeau rouge, cet ignoble symbole de leurs instincts sanguinaires.

C'est donc à Paris que la France doit ces mouvements révolutionnaires qui se multiplient presque comme les années, c'est à Paris qu'elle doit les changements perpétuels de gouvernements, c'est à Paris qu'elle doit la dette énorme que les révolutions ont accumulée, c'est à Paris qu'elle doit la situation dans laquelle elle se trouve aujourd'hui, situation successivement amenée par les folies de la capitale.

La France ne lui doit pas seulement sa décadence politique et matérielle, elle lui doit encore sa décadence religieuse et morale. A Paris l'athéisme à son centre d'action. C'est là que se trouvent les plus ardents ennemis de Dieu et de l'Église. C'est là qu'ils s'entendent, qu'ils se coalisent ; c'est là qu'ils parlent et qu'ils écrivent. De cette immense officine de perversion se répandent dans tout le pays les plus abominables doctrines et l'impiété est tellement à l'ordre du jour chez ce peuple civilisé et civilisateur que le général Trochu a excité sa haine et sa défiance en unissant dans sa proclamation le nom de Dieu à celui de la patrie.

Il n'y a pas en France de ville où les mœurs soient aussi dépravées que dans la cité reine; elle est, comme Babylone, une cité de prostitution. Deux tiers des enfants naissent d'unions honteuses ou de mariages civils. La Commune a décidé que les concubines des gardes nationaux seraient nourries aux frais de l'État comme les femmes légitimes! Nulle part les danseuses et les prostituées remarquables par leur beauté ne reçoivent de plus gros traitements, nulle part l'adultère n'est plus commun et la domesticité plus corrompue. Si l'on chassait de cette ville tout ce qui est immonde, combien de maisons seraient désertes! Ailleurs le vice se cache, là il s'étale au grand jour dans les splendeurs du luxe comme dans les haillons de la misère, et pour en multiplier le spectacle, on le photographie et on l'affiche aux vitrines des quais et des rues.

Tout cela est conséquent. L'athéisme produit les plus tristes et les plus redoutables effets dans les lieux où il est le mieux pratiqué. Si cette dépravation inouie restait enfermée dans les fortifications, on la regarderait avec pitié et dégoût, mais on ne s'en effraierait pas. Malheureusement l'influence de Paris est considérable et irrésistible ; sa corruption coule sur la province par d'innombrables canaux, atteint jusqu'aux villages les plus écartés et franchit même la frontière pour inonder toute l'Europe. Cette ville est le centre de l'enseignement et de la littérature et, par l'enseignement et la littérature, elle démoralise tous les âges et toutes les conditions.

C'est de Paris que vient aussi le luxe si nuisible à la province. Là des faiseuses de modes travaillent le jour et la nuit à créer de nouveaux costumes, à imaginer de nouvelles toilettes pour donner plus d'éclat et plus d'attrait aux prostituées de la capitale, et ces costumes et ces toilettes sont accueillis avec empressement par les femmes et les filles des villes et des campagnes ; elles se font un honneur de ressembler dans leur accoutrement à ce qu'il y a dans leur sexe de plus méprisable. C'est ainsi que de jeunes vierges dont la figure devrait porter l'empreinte de la modestie si convenable à leur âge ont pris des tournures cavalières et provocatrices, des airs masculins et dégagés qui peuvent bien aller à des personnes d'une conduite équivoque mais qui sont malséants pour des filles honnêtes. On en est venu à ce point qu'il est difficile à l'œil le plus exercé de distinguer la femme qui se respecte de la femme dont la vertu a malheureusement fait naufrage. On a tâché autant que possible de donner à un sexe la coiffure de l'autre et on a placé sur la tête de la jeune fille le chapeau du gamin ou du commis voyageur. Elle n'est plus femme dans sa tenue et dans son habillement, elle n'est pas homme parce qu'elle conserve, sous ce singulier costume, et sa frivolité et sa faiblesse ; elle est un être métis qui n'a ni la pudeur de la femme, ni l'air mâle de l'homme, elle a perdu sa simplicité et la réserve que la nature lui avait données sans acquérir les qualités que la nature lui refuse ; elle enflamme les passions, elle excite des espérances, mais elle n'inspire pas ce qui ferait son honneur, l'estime et le respect.

Sans doute il y a dans cette immense et populeuse cité des intelligences distinguées, des hommes de cœur et de foi, de vertueuses chrétiennes, qui luttent avec un admirable courage contre l'erreur et con re le vice. Beaucoup d'œuvres excellentes ont pris naissance au milieu d'une effroyable corruption ; mais les louables efforts qui ont été faits, les associations qui se sont formées, n'ont jamais pu vaincre le mal et en suspendre le progrès. Il a des moyens trop puissants, il agit sur une trop vaste échelle pour être entièrement paralysé. On l'empêche de tout corrompre, mais avec une énergique persévérance, on ne préserve que peu d'âmes ; le plus grand nombre est emporté par le torrent dévastateur.

Il est donc de l'intérêt de la province et de l'intérêt de la patrie de se mettre à l'abri des influences parisiennes et de ne plus les subir. On ne peut y échapper que par une décentralisation positive ; la liberté, la religion et les mœurs la réclament. Que l'Assemblée des députés de la nation ne siége plus à Paris. Elle ne sera pas exposée aux attaques révolutionnaires des ennemis de l'ordre et les représentants, au lieu de s'occuper des plaisirs qui les énervent et les absorbent, s'occuperont des affaires du pays. Ils ne sont pas en sécurité dans la capitale et ils sont exposés à y perdre un temps précieux, à faire d'énormes dépenses. Quand on est chargé de soins aussi importants, quand on a la responsabilité d'un pays de trente-huit millions d'habitants, il faut mener une vie sérieuse et appliquée, et la vie de Paris est une vie légère et voluptueuse. C'est une vie douce qui peut être agréable à un grand nombre, mais ils n'ont pas été élus pour s'amuser : ils ont été élus pour travailler à la régénération et au salut de la patrie. Jamais les circonstances n'ont été plus graves, jamais nous n'avons eu un besoin plus évident d'hommes dévoués, d'hommes consciencieux, de citoyens qui mettent en première ligne l'accomplissement courageux de leurs devoirs

Les révolutionnaires de 89 n'examinaient pas si les mesures qu'ils prenaient plaisaient à la France ou lui étaient désagréables ; ils marchaient audacieusement à leur but. Il faut savoir, pour le bien du pays, agir avec la même énergie. Ils ont décomposé la France pour réaliser leurs utopies : il faut la composer aujourd'hui pour la sauver. La suppression des provinces a été un malheur : il faut rétablir les provinces, sinon telles qu'elles étaient, du moins en formant des agglomérations de départements assez fortes et assez compactes pour se suffire et résister aux assauts de la révolution. Le département est une circonscription territoriale trop restreinte pour avoir assez d'éléments de vie, de puissance et de liberté. Une province formée de trois ou quatre départements aurait assez d'hommes capables pour administrer ses intérêts, assez de ressources pour pourvoir à tous ses besoins. Le gouvernement ne se perdrait pas, comme aujourd'hui, dans des détails infinis. Il n'aurait à gérer que les affaires générales, et laisserait les affaires de chaque province au conseil élu qui en serait chargé. Ce ne serait point une fédération, ce serait l'unité dans la liberté.

Chaque province aurait son université, son centre intellectuel. L'État surveillerait l'enseignement dans l'intérêt de la religion et des mœurs, mais le corps enseignant serait indépendant sous les autres rapports et vivrait de sa vie propre. On aurait ainsi un nombre suffisant de foyers de sciences qui attireraient à eux les hommes capables. L'émulation existerait entre les différentes universités : il se produirait un mouvement scientifique et littéraire considérable, l'atonie et l'engourdissement qui accablent aujourd'hui la France cesseraient d'exister. La vie agirait partout : elle mettrait tout en mouvement, sur la surface de cet immense territoire qui ne ressemblerait plus à un corps dont la tête est énorme, et dont tous les membres sont paralysés. Les agitations de Paris seraient contre-balancées par une résistance effective, sa littérature trouverait au dehors un contre-poids dans une littérature plus saine, plus sensée, et plus morale. La province, au lieu de subir passivement les idées parisiennes, réagirait contre elles, et la capitale recevrait du pays une influence utile. Une telle organisation serait en même temps favorable à la capitale et à la France. Si, vaincue par des préjugés et par des considérations égoïstes, l'Assemblée ne réalise pas cette amélioration, elle aura manqué son but et n'aura pas rempli le mandat de pacification et de progrès qu'elle a reçu. Toute autre décentralisation sera incomplète et tout à fait illusoire. Le mal restera et produira les mêmes effets.

XIV

LES CONSÉQUENCES

La Révolution en France ne date pas de 1789. Elle remonte à la régence, mais surtout à la dernière moitié du dix-huitième siècle. Avec elle commencent les désastres et l'amoindrissement de la patrie. Ce fut lorsque la philosophie irréligieuse et athée eut saisi le pouvoir et eut pris la direction des affaires, sous un monarque ignoble instrument d'une prostituée de la secte, que la France vit s'inaugurer sa déchéance. Elle perdit ses plus belles et ses plus riches colonies, et sa puissance sur les mers fut supplantée par le pavillon britannique. Cette perte, aussi funeste à son commerce qu'à sa marine, ne fut point compensée par l'acquisition de la Lorraine et de la Corse. Victorieuse sur l'Océan et la Méditerannée, elle n'aurait pas moins réalisé cet agrandissement de son territoire. Quand la Révolution eut éclaté dans les faits, elle bouleversa la France, elle bouleversa l'Europe. Elle engagea avec les diverses puissances une guerre qui ne finit qu'en 1815, guerre sanglante, guerre glorieuse par les victoires remportées, mais funeste à la patrie par l'immolation d'un million de Français, par la haine qu'elle souleva contre nous, haine dont nous ressentons aujourd'hui les terribles effets, par la perte de notre marine, des colonies qui nous restaient encore et d'une partie de nos frontières. Après trente-cinq ans de guerres atroces, nous nous sommes trouvés moins puissants sur mer, moins forts contre les autres, moins forts contre nous-mêmes, avec une patrie diminuée et affaiblie. Si la Révolution n'était pas intervenue, les améliorations réclamées par les cahiers des états auraient eu lieu sans commotion et sans violence. Les esprits étaient disposés à les opérer, le roi ne s'y opposait point et la noblesse et le clergé, sauf des exceptions impuissantes, en comprenaient la nécessité. On aurait effectué un progrès durable, assis la Constitution sur des principes politiques conformes à la justice, à la religion, aux traditions nationales, et la France n'aurait pas été livrée à des agitations sans fin qui la rendent la risée de l'Europe. Prétendre que les excès qui ont déshonoré l'œuvre de 89 étaient nécessaires pour obtenir la réalisation des véritables et justes vœux du pays, c'est ne pas avoir étudié ses aspirations, c'est mentir à l'histoire. On ne le consulta pas, on le blessa dans ses sentiments et dans ses intérêts. On lui causa des dommages incalculables.

En effet s'il avait conservé ses colonies, qui auraient été, comme cela a lieu en Angleterre, un débouché pour la population, si sa marine s'était accrue proportionnellement aux ressources et aux besoins, si l'argent, follement dépensé dans des guerres coûteuses, s'était multiplié, si les hommes morts sur le champ de bataille étaient devenus pères de famille, si les révolutions incessantes, filles de la première, n'avaient pas sans cesse troublé l'ordre, paralysé les entreprises, arrêté le mouvement de l'industrie et du commerce, empêché la circulation des capitaux et absorbé des sommes énormes, il aurait atteint aujourd'hui un degré de prospérité, de richesse, de puissance et de grandeur tout à fait inconnu dans l'histoire. Qui pourrait lui disputer l'empire des mers? Quel peuple aurait un commerce plus étendu, une population plus nombreuse sur le sol de la patrie et dans les régions lointaines? Qui compterait plus de soldats disciplinés et aguerris, quand, après tant de luttes, de troubles et de malheurs, la France occupe encore un rang si élevé?

La Révolution a été pour elle une cruelle marâtre. Elle ne l'a pas seulement frappée dans sa puissance matérielle, elle a fait à son intelligence, à son cœur, à sa foi, de profondes blessures. Elle a fait de ce peuple chevaleresque, plein d'honneur et de probité, un peuple de conspirateurs ténébreux, tenant peu à sa parole et à la délicatesse dans les affaires, de ce peuple sobre et robuste, un peuple intempérant et efféminé, de ce peuple poli, respectueux, noble et digne dans son obéissance, un peuple grossier, blasphémateur, insolent et indiscipliné, de ce peuple sincèrement et traditionnellement catholique, un peuple sans religion et sans mœurs, de ce peuple enfin remarquable par la pureté de son sang et la force de sa santé, un peuple dont le sang est vicié, dont la constitution est minée par des maladies héréditaires ou acquises dans la débauche. Elle lui a enlevé la foi qui élevait ses idées, lui inspirait de saintes et grandes pensées, conservait ses mœurs et unissait entre eux tous les membres de la nation. Elle l'a divisé en partis politiques, elle a créé des jalousies, des haines entre les citoyens et brisé les liens sacrés de la famille. Pour l'enfant de la Révolution, il n'y a plus de saint amour, de pieuses affections, de respectueuse déférence, de courageuse abnégation, d'esprit d'obéissance et de sacrifice. La patrie, c'est l'égoïsme, la religion, c'est l'égoïsme, la famille, c'est l'égoïme. Rien ne lui tient au cœur, ni le lieu de sa naissance, ni le foyer paternel, ni les souvenirs de son enfance, ni les douces liaisons de la jeunesse, ni l'attachement plus réfléchi de l'âge mur. La société révolutionnaire, c'est une aggrégation de molécules inconsistantes, de poussière sans cohésion ; elle est semblable au sable du désert que le vent soulève, sépare et emporte dans tous les sens.

Dieu est en effet le centre des âmes. Pendant qu'en observant les lois de la religion et de la morale, elles lui sont soumises, elles se trouvent dans l'ordre ; l'harmonie et la beauté de la société existent. Mais si la religion est absente, si l'ordre moral est troublé, les âmes ne sont plus unies à Dieu et ne sont plus unies entre elles. Le trouble qui agite les esprits et les cœurs se traduit à l'extérieur par des actes coupables qui ébranlent la société, oppriment la liberté du bien et introduisent la liberté du mal. Les passions ne sont plus retenues par le frein du devoir et agissent avec une effroyable licence. Cependant Dieu ne cesse pas d'exister parce qu'on nie son existence, ou de gouverner le monde parce qu'on ne croit pas à sa Providence. L'homme s'est montré insensible à ses bienfaits, il fait connaître sa force par les châtiments, et par eux il ramène à l'ordre les ingrats qui s'en écartent. Il a en main des fléaux pour corriger l'humanité, pour exercer en même temps la justice qui punit et la miséricorde qui touche et opère la conversion : la peste, la famine, la guerre. Les incrédules attribuent à la fatalité ces mystérieux agents; c'est expliquer par un mot vide de sens l'action sage et juste de la divine Providence. Ils prétendent supprimer la peste par des moyens hygiéniques et la science des médecins; mais la peste échappe à leurs précautions, à leur science, et exerce d'épouvantables ravages. Ils avaient inventé la vaccine et affirmé que désormais l'homme ne serait plus exposé aux atteintes souvent mortelles de la variole, et la variole, après s'être reposé pour donner cours à leur orgueil outrecuidant, se montre de nouveau et se rit de leur invention. Par la circulation rapide des wagons et des bateaux à vapeur, ils avaient chassé la famine de toutes les contrées: mais les wagons et les bateaux à vapeur qui transportent les denrées alimentaires sont incapables de les produire, et la famine s'est moquée de leur vain triomphe. Ils croient qu'en convoquant des réunions internationales, en débitant des discours sonores sur la fraternité et la paix, ils arriveront à unir dans une éternelle amitié tous les peuples entre eux, à faire disparaître de la terre ce terrible fléau qui précipite les uns contre les autres, avec des armes meurtrières, des hommes qui semblent n'avoir aucune raison de se tuer; et dans le moment même la guerre éclate avec plus de fureur que jamais, et, grâce au progrès de la science, répand dans les régions envahies le meurtre, l'incendie et la désolation avec un art, une cruauté, une intensité ignorés dans les siècles précédents. Cette guerre atroce est dirigée par des philosophes, par des disciples de Kant, d'Hegel et de Schelling. Ils ont sous leurs ordres des soldats formés par les doctrines de Luther. La France aurait préféré l'invasion du barbare Attila à l'invasion des illustres civilisés de ce temps, de Guillaume, de Bismark et de Moltke. O civilisation ! ô philosophie ! heureux les empires qui sont préservés de la visite de ces sages, de ces doucereux savants.

Cette guerre formidable est, hélas ! un châtiment trop mérité par notre chère patrie. Quel était le souverain qui affrontait avec des forces inférieures, par un aveuglement vraiment divin, des forces énormes et préparées depuis longtemps à cette lutte inégale? Quel était l'homme qui allait comme à dessein se jeter sous les murs de Sedan pour y subir une honteuse captivité et infliger à la France la capitulation la plus humiliante qu'une nation ait jamais supportée ? C'était le rejeton d'une famille avide de sang, un affilié des sociétés secrètes qui avait sacrifié la France et la religion à ses théories franc-maçonnes et saint-simoniennes. Il avait entrepris la guerre d'Italie, première source de nos malheurs, pour échapper au poignard des sectaires, tenir ses anciens serments, réunir la péninsule sous le sceptre du Piémont, la soumettre à l'empire de la secte et détruire par elle toutes les institutions catholiques d'un antique pays, et la plus vénérable de toutes, la papauté ! C'est dans ce but aussi insensé que peu patriotique qu'il avait déclaré la guerre à l'Autriche après d'hypocrites manœuvres, dépensé le sang et l'argent de la France, concerté le massacre de Castelfidardo, et ménagé l'alliance de la Prusse avec le gouvernement subalpin, alliance qui, en réalisant sa promesse de donner la Vénétie au Piémont, créait la redoutable puissance qui devait l'écraser et écraser avec lui notre infortunée nation.

L'armée, qui a été vaincue, ne pouvait attendre un autre sort de la justice divine. Elle était commandée, sauf d'honorables exceptions, par des chefs sans foi et sans mœurs, par les flatteurs soldés d'un maître corrupteur; elle était composée de soldats épuisés, amollis, de blasphémateurs grossiers, sans piété, sans crainte de Dieu, sans respect et sans discipline. Aussi une main vengeresse s'est visiblement appesantie sur elle. Les chefs ont manqué d'intelligence et d'habileté; les soldats ont toujours manqué de promptitude et d'ensemble à exécuter les ordres et souvent de courage et de valeur militaire.

Vit-on jamais des capitulations de cent mille, de deux cent mille soldats? Vit-on jamais une nation privée en quelques jours de toute son armée et de tout son matériel de guerre? Tout a été contre nous : les combattants, le temps, l'intendance, la discipline et l'intelligence des ennemis, nous avons eu à la fin, en France, une campagne de Russie. Notre gouvernement, hélas! n'a jamais prononcé le nom de Dieu, les événements ont fait retentir ce nom d'une terrible manière.

La nation avait applaudi les entreprises folles et impies de l'empire. Loin de s'émouvoir du sort du Père commun des fidèles, elle l'avait vu avec indifférence; elle s'en était même réjoui avec les ennemis de la religion. Elle avait accepté toutes les accusations mensongères portées contre le vénérable Pie IX, elle avait accueilli toutes les calomnies répandues contre les évêques et le clergé ; elle était allé jusqu'à croire que le concile avait préparé cette guerre fatale et que les prêtres, malgré la modicité de leur traitement, avaient envoyé en Prusse des sommes fabuleuses ; calomnies qui outragent plus son bon sens que le patriotisme incontestable du clergé. A l'impiété, à l'immoralité elle joignait une odieuse injustice. La France, atteinte dans sa gloire, devait l'être dans ses intérêts et ses affections. Le châtiment l'a frappée sur tous les points de son sol, mais surtout dans les pays les plus irréligieux. Les départements du Haut et du Bas-Rhin exceptés, les régions envahies, sont, sous le rapport religieux et moral, les plus coupables. La vie animale était la vie des habitants. Ils ne s'occupaient que d'augmenter leur fortune afin de réaliser le bonheur matériel le plus considérable. Dieu inconnu, la religion foulée aux pieds, les mœurs outragées, le vice élégant applaudi, la vertu méprisée, un luxe sans frein : telle était la situation de ces contrées riantes et fertiles. Au lieu d'une aisance et d'un confortable dont on était fier et dont on abusait, la misère et la désolation, des ruines immenses.

La capitale, cette ville de plaisirs et de débauches, cette corruptrice non-seulement de la France, mais encore de l'Europe, a vu autour de ses murs les bandes allemandes. L'investissement de ses remparts paraissait impossible, elle a néamoins été assiégée comme Jérusalem sans pouvoir communiquer avec le dehors. A-t-elle montré une grande énergie ? l'histoire le dira. Elle n'a pas cependant oublié ses orgies démocratiques pendant qu'elle était pressée par un cercle de fer. Elle a senti les privations, elle a vu les horreurs de la faim. Sobre par force, elle n'a pas pu être vertueuse et a donné au pays tout entier la mesure de son patriotisme et de sa raison dans les élections qu'elle a faites. Elle a abdiqué sa position de capitale, position si funeste à la province. Le moment est venu pour celle-ci de ne plus subir sa détestable influence, de rester elle-même et de laisser cette protectrice qui ne sait ni rougir ni revenir au bien s'avilir à son aise dans ses saturnales. Il est temps que nous cessions de penser ce qu'elle pense, de faire ce qu'elle dit, il est temps de recouvrer notre liberté et de relever cette grande nation qu'elle a jetée dans la boue.

Le catholicisme a été mis en cause dans notre abaissement et dans nos revers. L'Église a été bafouée par les protestants et les incrédules. La France est la fille aînée de l'Église, donc son infortune vient de l'éducation qu'elle reçoit de sa mère. Hélas ! l'infortune vient précisément de ce que la fille, au lieu d'être soumise, a été rebelle, au lieu d'écouter la parole maternelle, a prêté l'oreille à la parole d'écrivains et d'orateurs qui attaquaient les dogmes et la morale de la religion, jetaient le mépris sur ses ministres, excitaient contre le sacerdoce catholique la défiance, souvent la haine, et enseignaient ouvertement l'athéisme et la morale indépendante. Les gouvernements, loin de la protéger et de faire observer ses lois, donnaient eux-mêmes l'exemple de l'hostilité et du mépris, violaient publiquement ses saintes observances et encourageaient la guerre acharnée qui lui avait été déclarée. Est-il étonnant qu'après cent ans de persécution ouverte ou de sourdes conspirations, après cent ans de calomnies, d'outrages, d'odieuses manœuvres, la France ait renié une foi que la bourgeoisie reniait, que la presse tournait en ridicule, que les administrateurs battaient en brèche sur toute l'étendue de son territoire, dans tous les établissements, dans toutes les institutions, dans tous les bureaux. Égarée à la fois par de fausses lumières et par de funestes exemples, corrompue par de mauvais journaux et par des livres pervers, par les théâtres, par les fêtes publiques, par les cabarets, elle ne connaît plus le Dieu de ses pères, le Christ son rédempteur, l'Église sa mère. Elle n'adore plus le Créateur, le Dieu véritable, elle adore la matière, elle adore le plaisir, elle adore le vice, elle divinise tout ce qu'il y a de hideux dans les hommes qui, en effet, méritent cette déification. Ils sont ses oracles, ses conseillers, ses maîtres, elle les suit, elle les acclame, elle reçoit d'eux la pensée, le mouvement, et réalise dans sa vie ces types d'immoralité et d'infamie. Pendant que ce culte insensé ne se montre que dans les grandes villes, le pays peut vivre encore parce que la santé n'est pas partout atteinte ; les campagnes font équilibre en résistant à l'impulsion mauvaise des cités populeuses ; mais le jour où le mal a pénétré dans le corps social tout entier, c'en est fait de l'ordre public, de la gloire de la nation et de son existence. Si elle a des ennemis sur la frontière, il faut qu'elle soit vaincue et subisse le joug du vainqueur. Si elle n'est point attaquée et qu'elle croupisse dans une paix amolissante, il faut qu'elle s'effondre sous sa propre corruption. Pour les nations catholiques il reste une espérance. C'est le retour à la foi qui ne se perd jamais dans toute la nation, qui reste inébranlable dans beaucoup d'âmes généreuses et fidèles et conserve une force d'expansion qui ne vieillit point. Avec la foi, la vie rentre dans le corps social, renouvelle les parties malades, ramène la santé, la pureté des mœurs, l'honneur, la probité, l'amour de la patrie et de la famille, l'esprit de sacrifice, d'obéissance et de dévoûment, en un mot, les vertus nécessaires à la prospérité, à la sécurité, à la puissance et à la durée des États.

SECONDE PARTIE

DE LA RELIGION PRATIQUE

I

LE CATHOLICISME

Les ruines matérielles sont immenses, les ruines morales sont plus effrayantes encore. Néanmoins la France, profondément ravagée par l'athéisme pratique, n'est pas encore arrivée à ce degré de désorganisation où toute espérance soit perdue. Le mal est grave, les organes essentiels sont attaqués, mais la vie n'est pas éteinte, il est possible d'appliquer utilement le remède, et d'opérer la guérison. Ce qui nous a perdus, ce qui nous perd, c'est le manque de croyances vraies, c'est l'envahissement d'abominables doctrines. Dieu a fixé des lois qui déterminent le développement des êtres ; ils n'arrivent à la force, à la beauté, à la perfection, qu'en suivant dans leur accroissement ces lois salutaires. Elles sont les conditions rigoureusement requises d'un développement normal et durable ; en dehors d'elles tout être, au lieu de tendre au progrès, s'étiole, au lieu de tendre à l'augmentation et à la persistance de la vie, tend à l'affaiblissement du principe vital, à la désorganisation, à la mort. Aux plantes, il faut le climat, le sol qui leur conviennent, les alternatives de la pluie et de la chaleur, l'absence de toute cause nuisible, aux animaux, une nourriture appropriée à leurs besoins, l'absence de toute influence funeste. Vous avez beau imaginer des systèmes, des théories en apparence admirables, si vous vous opposez aux lois établies par le Créateur, vous aurez des plantes ou des animaux dont les formes seront moins belles, la vie moins énergique, vous aurez des avortons, vous aurez la mort.

L'homme intelligent et libre est aussi soumis à des lois dont il ne peut impunément s'écarter. Il est en son pouvoir de les violer, mais il n'est pas en son pouvoir d'échapper aux conséquences de la prévarication. Il est à la fois esprit et matière, âme et corps, et ces deux substances d'ordre différent sont néanmoins tellement unies qu'elles réagissent nécessairement l'une sur l'autre. *Mens sana in corpore sano*, disaient les anciens, c'est la condition de la vie dans toute sa puissance. Le développement du corps est soumis aux mêmes lois que le développement du pur animal. Le devoir des parents et de l'individu est de le rendre complet et vigoureux. L'âme se développe à sa manière et suivant des lois propres à sa naturespirituelle, plus noble que le corps qui pour elle est un organe, un moyen de communiquer avec le monde extérieur et de réaliser ses volontés. L'harmonie de ces deux êtres résulte de l'empire que l'esprit exerce sur la matière. L'homme commande à la matière au dehors, il doit commander à la matière au dedans. Sa vocation est la royauté, mais il n'est roi qu'à cette condition. Sa royauté va plus loin, il doit l'exercer sur l'âme et sur ses facultés. Il est ainsi dans l'ordre, il obéit aux lois providentielles auxquelles le Créateur l'a soumis. Dans tous les êtres, les lois qui les régissent sont distinctes d'eux-mêmes et existent indépendamment de leur volonté, comme la route existe indépendamment du voyageur ; il at lua suivre pour arriver au but. Le vrai, le beau, le bien, voilà d'une manière générale la loi du développement de l'âme humaine. Elle ne peut ni les détruire, ni les changer. Elle peut les connaître et les embrasser, elle peut les ignorer ou s'en écarter, mais qu'elle s'y conforme ou ne s'y conforme pas, ils sont ce qu'ils sont et restent immuables. L'erreur grossière et vraiment incroyable des incrédules de ce temps a été la déraisonnable persuasion qu'ils pouvaient faire le vrai, le beau, le bien comme ils l'entendaient, les réduire à être purement subjectifs et à dépendre de leurs conceptions insensées. Voilà pourquoi ils ont imaginé les théories les plus discordantes et les plus absurdes sur Dieu et sur l'homme, sur la religion et la société. Telle n'est pas la doctrine du catholicisme. Il croit que le vrai, le beau et le bien sont immuables comme Dieu dont ils émanent, et sa mission sur cette terre est de révéler le vrai à l'âme afin qu'elle le contemple et y adhère, le beau afin qu'elle l'admire et s'y attache, le bien afin qu'elle le recherche et s'y plaise ; en un mot afin qu'elle trouve dans leur possession la satisfaction de ses aspirations les plus nobles, les plus pures et les plus saintes.

II

LE VRAI DANS LE CATHOLICISME

Le catholicisme est vrai dans son histoire et dans son dogme. Il a une base solidement historique et résiste seul à la critique de la science. Le genre humain n'a jamais cru qu'il appartenait à l'homme d'établir une religion. La religion déterminant les rapports de l'homme avec Dieu, ses devoirs envers le Créateur, il a compris qu'au Créateur et non à la créature trop faible et trop bornée pour une œuvre si importante, était réservé le droit de prescrire les lois du culte et de l'adoration. Aucune religion n'a été fondée par un homme sans qu'il s'attribuât une mission divine ; mais cette mission, en dehors du catholicisme, ne peut pas subir l'épreuve de la science. On découvre bientôt qu'elle ne repose que sur des traditions sans consistance, sur des fables qui n'ont aucun appui réel dans le passé.

Il n'en est pas ainsi du catholicisme qui a ses racines dans l'antiquité la plus reculée. La Bible, à partir de la création, contient un enchaînement de faits et de prophéties qui tendent au même but et ne peuvent être contestés par aucun homme de bonne foi. On peut faire des suppositions gratuites, mais on ne peut alléguer aucune preuve. Plus l'antiquité est étudiée, plus elle est dévoilée par les travaux des savants, plus la véracité de la Bible est avérée. Elle s'accorde avec tous les documents, tous les monuments anciens, avec les traditions des peuples, avec les usages et les mœurs dont on trouve encore des traces dans l'immobile Orient; elle porte des caractères de vérité tout à fait incontestables. Le Nouveau Testament qui rapporte des faits plus rapprochés de nous est pour ainsi dire d'une autorité plus saisissante. Il a été écrit par plusieurs auteurs contemporains ; on voit qu'ils ne se sont point concertés, et cependant ils s'accordent avec un admirable ensemble. Les quatre évangélistes, les Actes des apôtres et les Épitres ne se contredisent jamais et expriment la même doctrine et les mêmes faits ; ils ne sont qu'un seul et même témoignage venant de témoins de caractère et d'esprit différents. Leur style est d'un genre inconnu, unique, inimitable : tout y respire la naïveté, la vérité, l'impartialité. Ils parlent comme s'ils étaient désintéressés dans leur récit ; jamais plus de candeur, jamais moins de recherche, d'apprêt et de prétention. Des écrivains fort anciens ont voulu compléter leur narration, en ajoutant des faits, mais l'imitation est impossible et la main du faussaire apparaît à l'œil le moins observateur. Les auteurs sacrés se montrent ce qu'ils sont, grossiers, ignorants, souvent incrédules ; ils sont hardis en l'absence du danger et pusillanimes quand le danger paraît. Dans ces mêmes hommes, après l'Ascension du Sauveur, on admire une intelligence étonnante, un courage inébranlable, un zèle que rien n'arrête. Ils meurent avec simplicité, sans ostentation, pour attester les vérités qu'ils prêchent, pour affirmer les faits dont ils ont été les témoins. On meurt quelquefois pour une idée, mais jamais on ne meurt pour attester un fait faux sur lequel on n'a pas pu être trompé.

Un auteur qui n'est point suspect, et qui par ses écrits a propagé le déisme et des idées politiques déplorables, ne peut s'empêcher de rendre hommage à la véracité et à la magnanimité des apôtres. Dans un de ces moments où les passions se taisent, où la raison n'est point obscurcie par les ténèbres qu'elles répandent, où la conscience entièrement à elle-même parle avec sincérité, il s'exprime ainsi: « La sainteté de l'Évangile est un argument qui parle à mon cœur et auquel j'aurais même regret de trouver quelque bonne réponse. Voyez les livres des philosophes avec toute leur pompe ; qu'ils sont petits près de celui-là ! Se peut-il qu'un livre à la fois si sublime et si simple soit l'ouvrage d'un homme? Se peut-il que celui dont il fait l'histoire ne soit qu'un homme lui-même ? Est-ce là le ton d'un enthousiaste ou d'un ambitieux sectaire ? Quelle douceur, quelle pureté dans ses mœurs ! Quelle grâce touchante dans ses instructions ! Quelle élévation dans ses maximes ! Quelle profonde sagesse dans ses discours ! Quelle présence d'esprit, quelle finesse dans ses réponses ! Quel empire sur ses passions ! Où est l'homme, où est le sage qui sait agir, souffrir, mourir sans faiblesse et sans ostentation ? Quand Platon peint son juste imaginaire, couvert de tout l'opprobre du crime et digne de tous les prix de la vertu, il peint trait pour trait Jésus-Christ. La ressemblance est si frappante que tous les Pères l'ont sentie et qu'il n'est pas possible de s'y tromper. Quels préjugés, quel aveuglement et quelle mauvaise foi ne faut-il pas pour oser comparer le fils de ronisque au fils de Marie ? Quelle distance de l'un à 'e ? Socrate, sans douleur, sans ignominie, soutient ient jusqu'au bout son personnage et, si cette facile n'eût honoré sa vie, on douterait si Socrate, avec on esprit, fut autre chose qu'un sophiste. Il inventa n, la morale ; d'autres avant lui l'avait mise en pra- ; il ne fit que dire ce qu'ils avaient fait, il ne fit que 'e en leçons leurs exemples. Aristide avait été juste t que Socrate eût dit ce que c'était que la justice. idas était mort pour son pays avant que Socrate eût n devoir d'aimer la patrie. Sparte était sobre avant ocrate eût loué la sobriété. Avant qu'il eût défini rtu, la Grèce abondait en hommes vertueux. Mais sus avait-il pris chez les siens cette morale élevée 'e dont lui seul a donné les leçons et les exemples ? in du plus furieux fanatisme, la plus haute sagesse entendre et la simplicité des plus héroïques vertus 'a le plus vil de tous les peuples. La mort de Socrate sophant tranquillement avec ses amis est la plus qu'on puisse désirer ; celle de Jésus-Christ expi- dans les tourments, injurié, raillé, maudit de tout uple, est la plus horrible qu'on puisse craindre. te, prenant la coupe empoisonnée, bénit celui qui la ésente et qui pleure ; Jésus, au milieu d'un supplice ıx, prie pour ses bourreaux acharnés. Oui, si la vie mort de Socrate sont d'un juste, la vie et la mort sus-Christ sont d'un Dieu.

Dirons-nous que l'histoire de l'Évangile est inven- plaisir ? Mon ami, ce n'est pas ainsi qu'on invente, faits de Socrate dont personne ne doute sont moins attestés que ceux de Jésus-Christ. Au fond, c'est reculer la difficulté sans la détruire. Il serait plus inconcevable que quatre hommes d'accord eussent fabriqué ce livre qu'il ne l'est qu'un seul en ait fourni le sujet. Jamais les auteurs juifs n'eussent trouvé ni ce ton ni cette morale ; et l'Évangile a des caractères de vérité si grands, si frappants, si parfaitement inimitables, que l'inventeur en serait plus étonnant que le héros. » (*Émile*, l. IV.)

L'Évangile n'a pas seulement en sa faveur des preuves intrinsèques de véracité, il a encore toutes les preuves extrinsèques que la critique la plus exigeante puisse demander. Ce n'est pas un livre qui soit resté comme tant d'autres une simple histoire, à l'usage des lecteurs ; c'est un livre qui a imposé aux fidèles les plus grands, les plus difficiles sacrifices, le sacrifice de leurs idées, souvent le sacrifice de leur famille, le sacrifice de leurs biens et de leur vie, dans beaucoup de circonstances. Croire, c'était admettre le dogme et la morale de l'Évangile, c'était renoncer à toutes les opinions philosophiques et religieuses de son temps, c'était, avant tout, admettre la réalité des faits racontés dans le saint Livre. Les faits de la vie de Socrate n'obligeaient point à recevoir son enseignement. Dans le catholicisme, les événements surnaturels de la vie du Sauveur, sa doctrine et sa morale sont tellement liés qu'il est indispensable de les accepter simultanément. On ne pouvait pas se soumettre à la prédication du crucifié sans reconnaître les miracles de sa vie et de sa résurrection. En elle-même, la chose était si repoussante, si extraordinaire, que l'esprit le plus vulgaire ne pouvait admettre la divinité du dogme et de la morale sans admettre les faits surnaturels qui en étaient la base et la preuve. Les conséquences de la conversion étaient énormes. Après s'être assuré de la vérité des faits et de la sainteté de l'enseignement, il fallait être décidé à renoncer à soi-même, à renoncer, au besoin, à son père, à sa mère, à son épouse, à ses frères, à ses biens, à sa vie : Jésus-Christ l'avait annoncé et sa prédiction s'était immédiatement vérifiée. Les apôtres à Jérusalem et ailleurs, avaient été cruellement persécutés et avaient donné leur vie pour la bonne nouvelle, à l'exemple de leur Maître. S'exposer à de telles épreuves sans avoir examiné de près le livre et sa valeur historique, sans s'être convaincu de la certitude des faits, est une supposition simplement absurde. Voilà pourquoi les chrétiens persécutés et mis à mort sont appelés martyrs, c'est-à-dire témoins. En mourant, ils attestaient la véracité de l'Évangile et l'affirmaient au milieu des supplices par l'effusion de leur sang. Mourir martyr, c'était mourir en disant : J'affirme que l'Évangile et vrai et que tout ce qu'il renferme est incontestable. Les premiers disciples avaient vu de leurs yeux, entendu de leurs oreilles, touché de leurs mains, les autres avaient vu mourir leurs prédécesseurs dans cette courageuse affirmation et scellaient eux-mêmes de leur sang les précédents témoignages ; en sorte que l'Évangile est garanti par une succession non interrrompue de témoins, morts pour la même cause. Quelle histoire eut jamais en sa faveur des témoignages si imposants et si autorisés !

Ce n'est pas tout, l'Évangile, dès l'origine, ne fut pas seulement défendu par le témoignage du sang, il le fut aussi par le témoignage du génie, et souvent par l'un et par l'autre. Saint Ignace, saint Polycarpe, furent écrivains et martys; saint Justin, cet illustre philosophe platonicien, né à Samarie, sur la scène même de l'Évangile, saint Irénée, le glorieux disciple de saint Pothin, saint Cyprien, ce grand évêque de Carthage, après avoir été avocat dans le paganisme, furent écrivains et martyrs. Tertullien, Origène, saint Cyrille de Jérusalem, saint Basile, saint Grégoire de Nazianze, saint Jean Chrysostome, saint Ambroise, saint Jérôme, saint Augustin, ne répandirent pas leur sang pour la foi, mais ils étaient disposés à le faire. Tous, dans de magnifiques ouvrages, ont défendu la religion et répondu aux objections usées que l'incrédulité répète. Il y a cela de particulier dans ces grands hommes qu'ils n'étaient pas moins remarquables par la sainteté de leur vie que par la hauteur et la solidité de leur intelligence. Les ennemis de la religion, dont ils ont été les ardents et habiles défenseurs, leur sont très-inférieurs en génie et ne peuvent pas leur être comparés sous le rapport de la vertu. Ce n'est pas ici le lieu de leur faire leur procès, mais aucun n'a cessé d'être croyant pour devenir meilleur, aucun n'a mené une vie irréprochable. Tous étaient intéressés à combattre une religion qui les condamnait, et en la combattant ils n'ont rien dit de sérieux et de solide, rien qui puisse faire impression sur une âme honnête et loyale, sur un esprit versé dans l'étude des monuments et de l'histoire. Est-ce apr des plaisanteries bouffonnes, par des falsifications, des allégations mensongères, par des objections péremptoirement réfutées dans l'origine et reproduites sans bonne foi, qu'on peut ébranler la vérité de l'Évangile scellée par le sang de tant de martyrs et soutenue de siècle en siècle par ce que l'humanité a produit de plus pur et de plus illustre ? De quel poids sont contre ces grands, ces immortels auteurs, les plates impiétés de Voltaire, les paradoxes contradictoires de Rousseau, les bizarres romans de Strauss et de Renan ? Il n'est pas d'histoire qu'on ne puisse attaquer, rendre ridicule ou changer en mythe par de tels procédés. Tous ces travaux dirigés contre l'Évangile le sont par là même contre l'histoire entière. Si l'Évangile succombe sous de telles attaques, les histoires les plus incontestables succombent aussi. La vérité historique n'existe plus, et un pyrrhonisme sans limite devient le système le plus raisonnable ; mais l'humanité repousse les spéculations absurdes des sophistes, elle croit à l'histoire et elle croit par là même à la véracité de nos saints Livres.

III

LE VRAI DANS LE DOGME

Jésus-Christ est Dieu, et par là même sa doctrine est divine, la raison humaine a besoin des lumières de la révélation. Bornée, parce qu'elle est finie, obscurcie par les passions, elle ne peut connaître dans leur ensemble les vérités de l'ordre purement naturel. Le savant s'applique seulement à une branche de la science ; après s'être mis au courant des travaux de ses prédécesseurs, il s'efforce de les enrichir de nouvelles découvertes, mais sans arriver jamais à posséder la science dans sa plénitude. Le commun des hommes ignore ce que les savants connaissent et se contente de notions toutes faites dont il ne se rend pas compte.

La religion est la plus élevée et la plus difficile des sciences : la plus élevée, parce qu'elle traite de Dieu, de sa nature, de ses perfections infinies, la plus difficile, parce qu'elle doit résoudre les problèmes les plus ardus : la créations de l'homme, l'origine du bien et du mal, les relations présentes et futures de l'homme avec Dieu. Sur un sujet aussi important, il ne faut rien de vague, rien d'incertain ; tout doit être positif et précis. L'homme le plus intelligent, avec la raison seule, est incapable de satisfaire à une entreprise si compliquée et entourée de difficultés si nombreuses. Il arrive à constater certaines vérités, mais il ne peut les atteindre toutes ; il se perd dans ses recherches ; le pied lui glisse sur un chemin peu solide et il tombe dans des abîmes. Aussi, la philosophie n'a jamais pu constituer une religion ; elle n'a jamais réuni les intelligences dans une croyance commune. Socrate n'eut que de rares disciples qui s'appliquèrent à le contredire ; Platon et Aristote ont eu le même sort. Malgré leur génie, ils n'ont pas établi une société religieuse, ils n'ont pas même établi une société philosophique. Le genre humain sait que la religion est l'œuvre de Dieu ; il croit à Dieu, mais il ne croit pas à l'homme.

La religion catholique n'est point une œuvre humaine, elle est une œuvre divine et s'impose à l'homme avec autorité; elle enseigne la vérité avec certitude, la vérité complète. Dieu est un être infini, créateur de tout ce qui existe, un dans la substance et triple dans les personnes. L'homme, sa créature de prédilection ici-bas, n'a pas une destinée purement naturelle qui consisterait à ne voir Dieu qu'à travers la création et à ne jouir de lui que par elle. Il est appelé à le voir directement et à participer directement à son bonheur. Le bonheur de Dieu est en lui-même; être complet, être parfait, il n'a pas besoin d'aller au dehors pour trouver sa félicité. Il se voit, il s'aime, et se voyant, il voit la vérité, la beauté absolue, le bien suprême, objet de son amour. L'homme créé à son image est aussi trinité, il est substance spirituelle, il est intelligence, il est amour. La soif de connaître et d'aimer le tourmente. Il ne lui suffit pas de connaître la vérité et la beauté limitées, il aspire à connaître la vérité infinie, le bien infini. La religion lui manifeste cette vérité, cette beauté d'une manière sûre, mais sous l'ombre d'un voile qui tombera au sortir de cette vie. L'homme de foi sait qu'il est dans le vrai; il est tranquille, il n'est point agité par le doute, par l'inquiétude; il savoure les prémices de la patrie céleste.

Voilà la haute idée que le catholicisme donne de l'homme; il ne le renferme pas dans les jouissances de la raison ou de la matière; il l'élève aux jouissances de la foi qui précède la claire vue. Loin d'affaiblir la raison, il la fortifie et la perfectionne, loin de nier les vérités rationnelles, il les confirme et les éclaire d'une plus vive lumière.

Déchu par sa faute d'un état supérieur, l'homme avait perdu une partie des lumières primitives et une partie de son empire sur lui-même. Il trouva dans son âme des facultés troublées et dans son corps des passions rebelles. Un autre châtiment pesait sur lui : la mort avec tous les maux, toutes les souffrances qui la précèdent et qui la causent. Ainsi est expliqué le mystère de la faiblesse de la raison, le mystère de la lutte de l'homme contre ses propres facultés et contre ses passions, le mystère du mal moral et du mal physique, explication affirmée par toutes les traditions antiques, par le témoignage universel des peuples.

Le Sauveur a racheté la raison humaine en l'éclairant d'une lumière divine, en dissipant les erreurs nombreuses dans lesquelles elle était tombée, en la délivrant des superstitions qui la déshonoraient. Sa prédication opérait ce prodige et elle devait, par les apôtres et leurs successeurs, se répandre dans tous les pays, subsister dans tous les siècles. Un homme n'a pas le pouvoir de maintenir après lui son œuvre, le Sauveur, comme Dieu, avait cette puissance. Il établit l'épiscopat présidé par un chef auquel il assura l'infaillibilité, ainsi qu'à ses frères réunis à lui. Du moment qu'il fondait une œuvre divine, il devait la marquer du sceau de la divinité, l'immutabilité dans la durée. Du moment qu'il apportait la vérité à la terre, il devait la conserver à travers les siècles dans toute sa pureté, dans tout son éclat, dans son intégrité et la préserver de tout alliage humain. La livrer aux interprétations, aux discussions, aux variations de la raison humaine, c'était immédiatement permettre de la travestir, de la corrompre, de la changer et de lui substituer les élucubrations privées; c'était laisser encore l'homme en proie aux égarements des systèmes, ce n'était pas atteindre le but, la rédemption de la raison; c'était agir en philosophe, ce n'était pas agir en Dieu. Au contraire, assurer à l'Église enseignante, présidée par son chef, une assistance continuelle, pour l'empêcher de tomber dans l'erreur, pour la maintenir dans la vérité et diriger toujours les fidèles par une doctrine invariable, c'était affirmer sa sagesse et prouver à tous les siècles sa mission divine. Qui, en effet, si ce n'est Dieu, peut conserver intacte une révélation, empêcher les hommes faibles, orgueilleux, amateurs de nouveautés, de la dénaturer et de la réduire au sort commun à tous les systèmes de philosophie? Le Seigneur, en donnant l'infaillibilité à l'Église, en fixant dans l'Église romaine le centre de cette infaillibilité, a fait éclater sa puissance d'une manière merveilleuse. Cette preuve perpétuelle de sa divinité, ce miracle permanent n'est point d'une époque comme les autres miracles qu'il a opérés pendant sa vie; elle est de tous les moments et de tous les siècles. Quel homme impartial, étudiant le dogme et la morale de la religion catholique depuis l'origine jusqu'à nos jours, ne sera pas frappé d'admiration, en voyant ce dogme toujours le même, cette morale toujours pure, en voyant ce dogme s'illuminer sous les attaques et se développer sans variation. Les adversaires n'ont pas manqué dès le commencement; les hérésies ont assailli l'enseignement catholique avec fureur, tantôt sur un point tantôt sur un autre; on ajoutait on retranchait, on modifiait, on altérait : vains efforts, il recevait plus d'éclat, plus de précision et plus de force. Comment, sans l'intervention de Dieu, cette doctrine se serait-elle conservée, au milieu d'une guerre incessante, acharnée, comment n'aurait-elle pas péri comme les systèmes de philosophie ? Et cependant elle est sortie victorieuse et immaculée de la lutte, et ceci n'est point une affirmation gratuite. Les protestants, ces modernes et terribles ennemis du catholicisme, n'ont jamais pu, malgré de longues et pénibles recherches, montrer, par des documents certains, une seule variation. Les plus savants d'entre eux, ceux qui ont étudié les Pères, les monuments, la tradition avec sincérité, ont reconnu que leurs chefs s'étaient trompés ou avaient menti et sont rentrés dans le sein de l'Église-mère. Le système protestant leur a paru non-seulement contraire à la vérité historique, mais encore absurde en lui-même. Qu'est-ce, en effet, que le libre examen, si ce n'est la raison personnelle se substituant à l'autorité enseignante ? Pour que ce système fût vrai, il faudrait que Jésus-Christ eût promis à chaque individu une assistance personnelle. Or, cela n'est indiqué nulle part, et les faits prouvent qu'il livre le rebelle qui méconnaît l'autorité de l'Église aux plus étranges égarements. Les sectes infinies qu'a produites et que produit encore le protestantisme ne permettent pas d'en douter. Il a réduit l'œuvre du Christ aux proportions de l'œuvre de Socrate et de Platon ; elle est traitée avec les mêmes égards. Chacun prend ou laisse ce qu'il juge à propos, et chacun interprète à sa manière les débris de doctrine qu'il ne rejette pas. Eh quoi ! un Dieu se serait incarné, serait venu sur la terre, serait mort ignominieusement pour produire une œuvre qui devrait s'altérer indéfiniment et arriver à une ruine certaine au lieu d'éclairer les hommes, d'unir les esprits et les cœurs, et il aurait apporté parmi eux de nouveaux sujets de dispute et de division et allumé une guerre sans limite et sans trêve? Combien le catholicisme est plus vrai, plus digne de Dieu, plus en rapport avec la nature humaine. Les apôtres ne distribuèrent pas de livres, ils prêchèrent, leurs successeurs prêchèrent comme eux. Les livres ne furent pas écrits parce qu'ils étaient nécessaires, mais parce qu'ils naquirent des circonstances, lorsque déjà la doctrine et les faits avaient rempli le monde. L'homme, avec les illusions auxquelles il est sujet, avec la faiblesse de sa raison, est incapable de comprendre le véritable sens de la Bible, d'en tirer une religion qui ne lui laisse aucune incertitude, aucun doute ; il sent qu'il doit être enseigné. Aussi le protestant, en repoussant l'enseignement de l'Église, accepte l'enseignement d'un ministre; il ne veut pas la foi traditionnelle et universelle du monde catholique et se soumet à la foi individuelle d'un homme sans autorité.

L'Église apprend à l'homme ce qu'il doit croire sur Dieu, sur lui-même, sur le temps et sur l'éternité, elle lui donne, avec une autorité souveraine qui bannit une cruelle incertitude et le préserve de dangereuses erreurs, la solution nette et précise de tous les problèmes qui intéressent la vie présente et la vie à venir. Il sait qu'il naît déchu, mais il sait aussi qu'il est réintégré dans ses droits au ciel par le baptême qui est une naissance spirituelle, l'enfantement au salut. S'il succombe aux tentations, s'il pèche, il n'est point condamné à rester toujours dans ce triste état de déchéance et de honte, il peut, par un sincère repentir et le sacrement de pénitence, recouvrer la grâce et la réhabilitation. La force qui manque à son intelligence pour voir la vérité et y persévérer, la force qui manque à sa volonté pour pratiquer la vertu, Dieu la tient à sa disposition, il n'a qu'à la demander. Il est membre du corps mystique de Jésus-Christ. En conséquence, ses pensées, ses actes, ses souffrances ont une valeur divine. L'ensemble de sa vie, harmonisée avec la vie de Jésus-Christ, lui prépare une récompense éternelle qui sera en raison de ses œuvres. La mort, en apparence si redoutable, n'est en réalité que la cessation d'une vie d'épreuve, le port après une navigation périlleuse et fatigante, le passage d'un état imparfait à un état de sublime perfection. L'existence n'est plus un sombre et insondable mystère, le trépas n'est plus un abîme ouvert au néant ou à un lugubre et ténébreux avenir. Les maux, les peines, les afflictions, le travail, ne sont pas des tourments sans but et sans consolation, ils sont le fondement des plus belles et des plus douces espérances. Dans quel système de philosophie, dans quelle religion trouve-t-on des vérités aussi solidement établies, aussi rigoureusement enchaînées, saisissant l'homme dans tous ses besoins, toutes ses aspirations, répondant à tous ses doutes, l'encourageant dans toutes les circonstances, élevant son âme et son cœur à des hauteurs surhumaines et lui donnant dès ce monde une dignité, une grandeur que jamais l'esprit humain n'avait soupçonnées, qu'il n'avait jamais imaginées dans ses rêves les plus poétiques, dans ses projets les plus ambitieux et les plus exagérés ? C'est que l'homme ne peut pas pénétrer les pensées de Dieu, c'est que les desseins de l'Éternel sont les desseins du Tout-Puissant et que les desseins de l'homme sont les desseins d'un être borné dans ses conceptions et dans son pouvoir.

IV

LE BIEN DANS LE CATHOLICISME

Le Dieu de la religion catholique est saint, il est la perfection morale absolue, il veut que l'homme, sa créature de prédilection sur la terre, lui ressemble. Il devait laisser à l'homme, sa liberté, parce qu'il est libre lui-même, mais il devait déterminer l'usage de cette liberté, de cette prérogative des êtres intelligents ; c'était son droit parce qu'il est créateur, c'était son devoir parce que connaissant le but auquel l'homme était appelé, il devait lui marquer la route par laquelle il pouvait l'atteindre. La philosophie impie prétend que l'homme est l'arbitre de ses facultés et de sa destinée, comme si l'homme s'était lui-même donné l'existence et jouissait d'une indépendance sans limites. C'est nier Dieu ou lui assigner un rôle indigne. Il aurait fait un ouvrage merveilleux sans savoir pourquoi il le faisait et aurait agi sans raison et sans motif. Placé à ce point de vue, l'homme se fait sa destinée et ne la met pas au-dessus de la satisfaction des appétits les plus grossiers, des passions les plus dégoûtantes. Cette théorie répugne à la fois à sa conscience et à un sentiment inné de la noblesse de sa nature. La religion répond à ce qu'il y a dans l'homme de plus intime en déclarant que la sagesse suprême l'oblige à lui ressembler et a marqué par des lois précises les devoirs qu'il avait à remplir. Deux autorités proclament les devoirs : la conscience et l'autorité de l'Église ; la conscience par un langage intérieur ; l'autorité de l'Église par un enseignement extérieur qui empêche la conscience de se faire illusion, qui dissipe les ténèbres dont les passions voudraient l'obscurcir, qui lui donne plus de clarté et de fermeté dans ses déterminations.

Avec Dieu, l'homme a des relations de créature à créateur, de sujet à souverain, d'enfant à père. Au créateur il doit l'adoration, au souverain l'obéissance, au père la reconnaissance et l'amour. L'adoration est l'acte le plus élevé de l'homme, l'acte par lequel il reconnaît l'existence de Dieu, ses perfections infinies, son domaine absolu. C'est l'objet du culte qui est privé ou personnel, public ou social. L'homme est obligé à ce double culte qui est fondé sur sa nature. Le culte public a dans le sacrifice son expression la plus solennelle. Le sacrifice de la messe est le sacrifice de la nouvelle loi, par lui seulement l'homme peut dignement et suffisamment adorer Dieu. Pour offrir ce sacrifice, le seul agréable à la suprême Majesté, les frères se réunissent aux frères dans le temple sacré. Là, il n'y a ni riche ni pauvre, ni savant ni ignorant, il y a les enfants du même père commun lui présentant ensemble un commun hommage et lorsque, selon les intentions de l'Église, à la prière, au sacrifice, se joint la participation à la victime sainte, la fraternité acquiert un nouveau degré de force. Jésus-Christ, rédempteur de tous, victime de tous, se communique à tous, il est présent et vivant dans chaque fidèle. Toutes les âmes, sous une action divine, croient les mêmes vérités, espèrent la même destinée, aiment les mêmes objets, Dieu et le prochain. Les adorateurs du Christ sont frères comme hommes, frères comme catholiques, frères comme assis à la table du père de famille, et cette fraternité a Dieu pour source, Dieu pour centre, Dieu pour lien. Le culte public des catholiques n'a pas seulement pour but l'adoration de Dieu, mais encore l'union plus étroite des membres de l'Église, union qui n'exclut point, en ce qui regarde la charité, les hommes qui n'ont pas la même croyance, qui n'habitent pas le même pays, ne sont pas citoyens de la même nation. Comme l'amour de Dieu, elle est universelle. Les associations en dehors de la religion véritable sont égoïstes ; elles ne reconnaissent que les affiliés ; elles n'aiment pas ceux qu'elles excluent et souvent elles les haïssent ; le lien qui unit les protestants n'est pas la foi, qui est diverse et variée à l'infini, mais la haine du catholicisme.

La sainteté à laquelle tout chrétien est appelé ne comprend pas seulement les actes extérieurs, elle est comme l'épée dont parle saint Paul, qui pénètre jusque dans les replis les plus secrets de l'âme. Il ne lui est pas permis de laisser l'erreur séjourner un instant dans son intelligence, de penser volontairement au mal, de le désirer et de se plaire dans les jouissances coupables de l'imagination. Tout ce qui est faux, tout ce qui est mauvais doit être repoussé énergiquement et sans hésitation. Le consentement, en matière grave, souillerait son âme et chasserait l'esprit saint qui l'habite, l'éclaire, la dirige et la fortifie.

Ce n'est pas assez d'être irréprochable aux yeux des hommes, il faut être irréprochable aux yeux de Dieu. Comme le libre-penseur, le chrétien ne fait pas une morale selon ses caprices, une morale élastique qui a des accommodements avec les passions ; en tout et toujours, la volonté fléchit sous la morale de l'Évangile interprêtée par l'Église. Agent libre et responsable, il mérite à son gré la récompense ou le châtiment ; la récompense est éternelle, le châtiment l'est aussi. La religion entend qu'il jouisse d'une sublime liberté, qu'il ne soit jamais dominé ni par l'ambition, qui est l'orgueil des places et des honneurs, ni par l'avarice qui est l'orgueil des richesses et de la fortune, ni par la volupté qui est l'orgueil des sens. Il est évident que l'intérieur étant ainsi réglé, les actes seront toujours conformes à la loi.

Les devoirs que la religion prescrit à l'égard du prochain sont tous fondés sur un sentiment d'amour ; ils se réduisent à aimer le prochain comme soi-même, à ne pas faire ce qu'on ne voudrait pas qui fût fait à soi-même, et à faire tout ce qu'on voudrait qui nous fût fait. Aimer le prochain c'est aimer son âme, son salut éternel, c'est l'instruire, l'édifier par ses paroles et ses exemples, et ne le scandaliser jamais. Aimer le prochain, c'est aimer sa vie, sa santé, ses intérêts, son honneur ; c'est ne jamais lui nuire dans sa réputation, dans ses biens ; c'est respecter sa femme, sa fille; c'est le secourir dans ses besoins; c'est pleurer quand il pleure et se réjouir quand il se réjouit; c'est aimer tout ce qui protége sa paix, sa liberté, sa fortune; le gouvernement, la patrie, la sainte Église. Cet amour n'est point connu des impies, des libres-penseurs, des révolutionnaires, des libertins qui sacrifient le prochain à leur ambition, à leurs désordres, à leurs haines, par un hypocrite et cruel égoïsme.

La sainteté, comme la religion l'entend et la prescrit, n'est-elle qu'une ravissante théorie, ne dépasse-t-elle pas les forces humaines? Sans doute, pour l'homme livré à lui-même, elle serait un fardeau trop lourd sous lequel il succomberait, mais le chrétien sait que pour ressembler à Dieu il faut un secours divin, et que ce secours divin lui arrive par la prière et par les sacrements. Il a besoin de la lumière, il demande la lumière; il a besoin de la force, il demande la force; il a besoin de se relever, il se relève par le sacrement de pénitence qui ne le laisse pas à son jugement personnel, aux illusions de son cœur, et le soumet au jugement d'un homme impartial et versé dans la connaissance de la loi. Il lui expose ses pensées, ses actes, et reçoit de lui en même temps les éclaircissements, les conseils, les encouragements, la rémission de ses fautes et une vigueur nouvelle. Purifié par le repentir et par une ferme résolution, il participe à un autre sacrement qui lui communique le modèle et l'auteur de la sainteté. Chaque soir il s'examine lui-même en presence de Dieu et de ses devoirs, il constate en quoi il a été fidèle, en quoi il a prévariqué, et l'examen qui précède la confession est le résumé des examens journaliers.

Telle est la discipline de l'Église catholique, tels sont les moyens que Dieu a mis à la disposition de l'homme pour se suivre de près, pour se fortifier et se réhabiliter au besoin. Il est impossible que celui qui embrasse cette discipline à la fois sévère et miséricordieuse ne pratique pas habituellement le bien, ne soit pas éminemment vertueux. Il est impossible qu'il s'écarte longtemps du droit chemin, et qu'après s'être écarté, il n'y rentre pas avant de s'être endormi dans l'iniquité. Certes, si les hommes suivaient avec exactitude cette admirable discipline si bien proportionnée à leur nature, le vice disparaîtrait, la vertu serait pratiquée, les familles, les cités et les empires verraient régner une paix profonde qui ne serait que l'expression de la paix intérieure des âmes. Le trouble extérieur vient du trouble intérieur, et l'homme ne produit le désordre et la guerre au dehors que parce que le désordre et la guerre existent dans sa conscience. La vie chrétienne s'est malheureusement affaiblie de nos jours ; on s'est affranchi de la discipline de l'Église pour acquérir une prétendue liberté, qui n'est en réalité que la liberté du mal, l'esclavage le plus honteux ; et le trouble, l'agitation des âmes produisent dans la société des secousses sans fin, d'incessantes révolutions. Nos sages croient qu'ils peuvent déchaîner les orages et que l'Océan restera calme au milieu de la tempête.

V

LE BEAU DANS LE CATHOLICISME

En Dieu se trouve la suprême beauté; de lui vient tout ce qu'il y a de beau dans le spectacle du ciel, dans le spectacle de l'Océan, des hautes montagnes, des vallées profondes, dans tous les êtres qui ornent la terre avec tant de variété et d'éclat. La création est un miroir où se réfléchissent, amoindris et ternes, les rayons de la beauté infinie. A la vue de tant de merveilles, l'homme éprouve un ineffable ravissement; son imagination s'exalte, son cœur s'émeut, son âme est saisie d'un mystérieux enthousiasme. Et cependant, cette beauté matérielle qui l'impressionne si vivement n'est pas comparable à une beauté d'un ordre plus élevé, à la beauté morale. La religion catholique, qui est l'œuvre de Dieu, doit porter l'empreinte de cette beauté, elle doit en être le reflet vivant. Aussi, quelle beauté dans ses dogmes! Quelle céleste pureté dans ses prescriptions! C'est en Jésus-Christ son chef, le Verbe divin incarné, que cette beauté paraît dans toute sa splendeur. La sagesse infinie rayonne dans toutes ses paroles, la divinité éclate dans toutes ses actions. Aucune des passions qui abaissent et dégradent l'homme n'exerce en lui son funeste empire; en lui tout ce qu'il y a de noble dans le cœur humain atteint un degré sublime de perfection; il embrasse dans une tendre affection les pauvres, les ignorants, les malades, les infirmes, les pécheurs. Il aime à vivre au milieu d'eux, à les consoler, à les instruire, à les guérir. Il méprise les richesses; il n'a pas où reposer sa tête et vit de l'aumône qu'il recueille sur sa route; il méprise les honneurs et refuse la royauté; il évite les applaudissements; il fuit l'admiration de la foule et renvoie à Dieu toute la gloire de ses miracles. Après avoir pendant trente années vécu dans l'obscurité du travail de ses mains, il commence la carrière de sa prédication par un jeûne rigoureux. Il foule aux pieds les plaisirs des sens, mène une vie sobre, austère, et pratique la chasteté avec une telle vigilance et une telle sévérité que ses ennemis n'osent jamais l'attaquer sur ce point et élever même un soupçon sur la pureté de ses mœurs. Il est doux comme la colombe, il supporte, avec une patience qui étonne l'ignorance, la méchanceté, l'injustice de ses adversaires; il n'éteint pas la mèche qui fume encore et ne rompt pas le roseau brisé. Non-seulement il aime les hommes jusqu'à compatir à toutes leurs souffrances, à soulager toutes leurs douleurs, mais encore jusqu'à subir pour leur salut le plus affreux des supplices, au milieu des plus horribles circonstances, et en mourant dans les angoisses d'une longue et cruelle agonie, il prie pour ses bourreaux, leur pardonne et recommande sa mère au disciple bien-aimé. Sauveur, il satisfait pour tous les hommes, fils, il remplit jusqu'à la fin tous les devoirs de la plus tendre affection. Il proclame sa divinité par ses paroles et par ses œuvres pendant les trois années de son ministère public; il la proclame sur la croix, au milieu des outrages des princes des prêtres et des docteurs de la loi. Comparez à ce

Christ les sages de tous les siècles et vous verrez de quelle hauteur il les domine par son humilité, sa douceur, sa sainteté, son courage, en un mot par ses vertus surhumaines. Il est le modèle de la beauté morale dans toute sa splendeur et c'est à son exemple que se sont formés dans le catholicisme tant de héros et de héroïnes.

La religion catholique a l'honneur exceptionnel d'avoir produit dans tous les siècles un nombre considérable d'imitateurs du Christ. Tous les fidèles sont appelés à marcher sur ses traces, mais tous ne le suivent pas à la même distance. Les uns reproduisent seulement les traits principaux de cette figure divine, les autres s'efforcent de les retracer avec la perfection que permet la faiblesse humaine. Comme le Christ, des hommes, des vierges ont pratiqué la pauvreté, la chasteté, l'obéissance. Le but des ordres religieux est de réaliser la vie admirable du Sauveur, son renoncement, son indépendance des passions. Les uns se livrent à la contemplation de Dieu, de Jésus-Christ, de ses vertus et de ses bienfaits, et pratiquent la charité, la pénitence et la prière. Quoique séparés du monde, ils ne vivent point dans un froid égoïsme, ils prient, ils offrent à Dieu pour leurs frères le sacrifice de l'adoration perpétuelle et de la mortification de l'esprit et du corps. A tout péché est dû un châtiment proportionnel. Par une merveilleuse miséricorde, le Christ a voulu que ses mérites fussent communiqués à ses frères, et que les bonnes œuvres des saints fussent applicables aux membres de l'Église dont la conduite est coupable ou qui ne satisfont pas d'une manière suffisante. Pendant que le monde blasphème, les anges de la terre louent le Tout-Puissant, pendant qu'il couvre ses désordres des ombres de la nuit, ils font entendre de saints cantiques, pendant qu'il irrite la justice patiente de Dieu, ils l'apaisent et sollicitent sa miséricorde. D'autres ordres religieux unissent à la contemplation la vie active et se consacrent au soulagement de toutes les misères morales et physiques. Ils ont renoncé à la fortune, pour distribuer des aumônes, aux honneurs, pour instruire et soigner les pauvres, aux plaisirs des sens, pour se dévouer à tous les besoins et à toutes les infortunes. Pour répondre au travail immense, incessant de ces imitateurs du Christ, ont été fondés les hôpitaux, les hospices, les asiles de l'enfance et de la vieillesse, et d'innombrables écoles ont été ouvertes. Parmi ces religieux et ces religieuses, il en est qui quittent la patrie et vont dans des régions lointaines s'exposer à toutes les fatigues et à tous les périls pour évangéliser et civiliser les peuples barbares ou sauvages. Quels philosophes ont jamais donné ces exemples d'abnégation, d'infatigable et généreux dévouement ? Ils étalent, pour des traitements exactement payés, leur vaniteuse éloquence ou publient, pour de grosses rétributions, leurs dangereux ouvrages. Mais ils aiment trop les applaudissements et le bien-être pour franchir les mers et prêcher leurs systèmes à des populations grossières au prix de leur tranquillité, de leur gloire et de leur vie. Les ennemis des ordres religieux sont les ennemis de la beauté morale, de la charité catholique dans sa plus touchante expression. Hommes dévoyés qui ne comprennent pas le dévouement et lui font une guerre insensée !

La religion n'a pas seulement créé le sacerdoce et les ordres religieux, elle a encore inspiré l'architecture, la peinture, la statuaire, les arts libéraux ; elle a donné une impulsion immense à l'expression de la beauté matérielle et de la beauté artistique, comme elle avait donné l'impulsion à l'expression de la beauté morale. Comment compter les monuments qu'a fait surgir la pensée catholique ? D'innombrables églises, merveilles de l'architecture ornent encore la surface de l'Europe ; elles sont remplies de statues, chefs-d'œuvre de sculpture, et de tableaux où la beauté des couleurs s'unit à la correction du dessein, à la grâce, à la suavité, à la perfection idéale des formes. N'a-t-elle pas produit les plus harmonieuses compositions de musique, les œuvres littéraires les plus remarquables ? Corneille, Racine, Voltaire lui-même ont puisé à cette source intarissable leurs idées les plus sublimes, leurs plus beaux vers, leurs tragédies les plus inimitables. Les Pères de l'Église, les orateurs sacrés, les écrivains ecclésiastiques, suite non interrompue qui s'accroît comme un fleuve en s'éloignant de son origine, ont enrichi les lettres de travaux immortels où la grandeur des pensées, la noblesse du style et l'élévation du génie brillent d'un éclat incomparable. Tout, dans le catholicisme, jusqu'aux moindres cérémonies du culte couvre une idée divine et excite les sentiments les plus purs. Il poétise la douleur elle-même, il ennoblit la vie de l'homme du peuple, du simple ouvrier, comme il donne plus de majesté à la couronne des rois. Il fait luire sur les ombres funèbres du tombeau l'aurore resplendissante de l'éternité. L'architecte catholique, le sculpteur catholique, le peintre catholique, le musicien catholique, le poéte catholique, l'orateur catholique sont sans cesse en présence de l'idéal le plus élevé, d'une mine inépuisable d'inspirations sublimes qui nourrissent et fécondent le génie. L'Ancien Testament, l'Évangile, les Épitres des apôtres, les martyrs, les pontifes, les vierges lui offrent une matière infinie d'admirables compositions. Le protestantisme a tué l'art parce qu'il a corrompu ou tronqué le dogme et matérialisé la vie. La philosophie a tué l'art parce qu'elle a jeté le doute dans les âmes et perverti les cœurs. L'art a baissé avec la foi, il est devenu commun, trivial, impur comme les idées. Le génie n'a plus d'ailes pour atteindre les hautes conceptions, quand il n'a plus de foi, quand il rampe sur la terre au milieu de ses ténèbres et de ses souillures. C'est un ange tombé qui ne voit plus la lumière sereine du ciel et dont les sentiments et les impressions ne sont plus que des sensations animales. Il exprime ce qu'il contemple et il ne contemple plus que la matière avec sa beauté sans vie ou son impureté corruptrice. Il croit aux formes, aux couleurs, il ne croit plus à l'âme. Le souffle divin n'enflamme ni son intelligence ni son imagination. Son but n'est pas de produire le beau, mais de plaire aux passions sensuelles, à un public dépravé, non d'acquérir une gloire solide, mais de gagner de l'argent pour jouir plus largement de la vie. C'est la décadence du beau, c'est la décadence de l'art, c'est l'abaissement de l'artiste, du poëte, de l'orateur et de la société dans une dégradation et dans une honte communes.

VI

LE GOUVERNEMENT DANS LE CATHOLICISME

L'homme n'est point né pour vivre dans l'isolement. Son intelligence a besoin d'une intelligence à laquelle il puisse communiquer ses pensées, son cœur a besoin d'un cœur avec lequel il puisse sympathiser, ses besoins physiques exigent le concours de ses semblables. La société n'est pas venue du hasard ni d'un calcul égoïste ; elle a sa cause dans la nature même de l'homme. Si elle a des côtés utiles, elle a aussi des côtés désintéressés et généreux. Mais la société, lors même qu'elle serait composée d'êtres parfaits, ne pourrait pas subsister sans ordre, à plus forte raison quand elle est composée d'êtres dont les passions doivent être dirigées vers le bien et comprimées quand elles s'en écartent. Or, l'ordre ne peut pas exister sans un ensemble de relations déterminées et sans une force qui maintienne ces relations : cette force, c'est le pouvoir. Il agit sur les volontés comme la gravitation universelle agit sur les planètes. Pour l'harmonie des mondes, Dieu a établi la loi que Newton a découverte ; pour l'harmonie de la société, il a constitué le pouvoir. Aucun homme n'est tenu d'obéir à un autre considéré comme individu et cependant aucun homme n'est indépendant. Il naît sous une loi qui le domine comme particulier, la loi de la conscience, il naît sous une loi qui le domine comme citoyen, la loi de l'État. Un homme n'a pas par lui-même le droit de gouverner, la société non plus, car tout pouvoir vient de celui qui règne de toute éternité, du seul roi par nature, de Dieu. Mais la société. qui ne peut exister sans le pouvoir, a le droit de désigner celui qui l'exercera au nom du monarque suprême. En déterminant le gouvernement qui lui paraît le meilleur, monarchie ou république, elle ne communique pas le pouvoir, elle use d'un privilége que le Créateur lui a conféré. Une fois constitué, le pouvoir est sacré parce qu'il vient de Dieu, tout citoyen est tenu de le respecter et de lui obéir, quand il ne prescrit rien de contraire à la conscience. Le pouvoir est exercé dans l'intérêt moral et matériel de la société et non dans l'intérêt de celui qui gouverne. Il est établi pour l'avantage de tous et non pour un avantage personnel. Le despote sacrifie la nation à ses caprices, à ses plaisirs, à l'arbitraire; la religion repousse et condamne cet odieux gouvernement quel que soit le masque qu'il prenne, qu'il soit individu ou multitude, monarchie ou république; le pouvoir chrétien a sans cesse en vue le bien de la société, il cherche à le procurer dans toutes les lois, dans toutes les décisions, dans toutes les mesures administratives. Il ne fait point prévaloir sa volonté contre la liberté des citoyens, quand cette liberté ne trouble pas l'ordre public, ne nuit point au bien général. Il commande au nom de Dieu, au nom de Dieu il est obéi. Il est responsable vis-à-vis de cette autorité souveraine et vis-à-vis de la société.

Tel est le pouvoir catholique; tout est déterminé avec précision. Dieu préside au gouvernement, il oblige le chef de l'État à gouverner avec justice, avec dévouement, les citoyens à obéir avec respect et avec dignité. L'ordre est ainsi maintenu, les révolutions sont évitées et la société prospère dans la liberté, la sécurité et la paix. Elle ignore ces deux redoutables extrêmes, le despotisme et l'anarchie qui, dans les états athées, se succèdent avec une fatale périodicité, couvrent le sol de la patrie de sang et de ruines, et offrent aux regards le dégoûtant spectacle d'esclaves prosternés sous le joug d'un tyran ou de rebelles furieux se livrant sans mesure aux orgies des révolutions.

L'action du catholicisme dans le monde romain et surtout dans le monde plein de confusion et de désordres qui suivit l'invasion des barbares produisit les plus heureux effets ; il changea l'esclavage en servage et le servage en liberté ; il se fonda sous son inspiration beaucoup d'institutions où la fraternité et la liberté exercèrent une féconde influence. Le commerce, les arts, les métiers eurent un prodigieux développement. Le moyen âge ne fut point, comme l'ont prétendu des hommes de mauvaise foi ou des observateurs superficiels, un temps de barbarie et d'engourdissement, ce fut une époque de civilisation chrétienne et de puissante activité. Les œuvres qu'il a laissées en sont une preuve incontestable, et ses institutions détruites par le despotisme révolutionnaire ont enlevé aux provinces, aux communes, aux associations une vie et une liberté dont il ne reste plus de trace.

Le pouvoir assis sur une base chrétienne ne s'exerçait point sans contrôle. La monarchie même était élective et l'élection qui existait dans tous les ordres religieux avait pénétré dans toutes les institutions du pays. La grande charte d'Angleterre, sur laquelle reposent encore la liberté et la prospérité de cette illustre nation, est une œuvre éminemment catholique. Le pouvoir despotique en France, quoiqu'il ne fût pas tel qu'on se le figure, a été introduit par les légistes, par les docteurs du droit césarien, et ce pouvoir qu'ils étendirent avec une tenacité persévérante n'avait pas entièrement enlevé aux états le droit de voter l'impôt et de s'administrer, aux universités et aux corporations leurs priviléges. Ce n'est pas le catholicisme qui a fait Louis XIV, c'est le droit romain, ce sont les légistes qui l'avaient substitué au droit chrétien.

Le protestantisme, afin de gagner les souverains à sa cause, leur reconnut des pouvoirs énormes. Il leur conféra une puissance politique et religieuse sans limites.

Le traité de Westphalie, qui consacra en Europe le droit protestant, déclara que le souverain avait le droit d'imposer sa religion aux populations sur lesquelles il régnait. C'était, en effet, le droit qui avait été exercé depuis Luther. Le protestantisme s'était établi par la force dans l'Allemagne, dans le nord de l'Europe, en Angleterre, en Suisse et en France. Son histoire n'est pas autre chose qu'un enchaînement de violences exercées par les souverains et les seigneurs sur les peuples opprimés. Jamais il n'y eut moins de liberté de conscience que parmi les prédicateurs et les disciples de la liberté de conscience. Ils entendaient la liberté comme l'entendent leurs imitateurs, les libéraux modernes.

Le césarisme, qui est une œuvre de l'orgueil et de

l'égoïsme, n'est point un produit du catholicisme qui le réprouve et le condamne, il est au fond le droit de la force. La Révolution ne le répudia pas, elle se l'appropria avec ses principes et lui donna la forme la plus violente et la plus oppressive. César est un homme dans Tibère, dans Néron, il est une réunion d'hommes dans la Convention et le Directoire ; il est un homme dans Bonaparte Ier et dans Bonaparte III; il est plusieurs hommes dans les républiques qui apparaissent de temps en temps. Quelle que soit la forme qu'il prenne, il est toujours athée, toujours païen, toujours oppresseur, toujours injuste, il est toujours César. Sa liberté c'est le droit d'imposer aux autres ses caprices et sa religion. Quand il n'a pas le pouvoir, il crie à l'oppression, il réclame la liberté, le jour ou il est sur le trône, il opprime, il persécute. César n'aime pas le catholicisme, le catholicisme n'aime pas César. C'est une guerre à mort entre l'un et l'autre; si César est vainqueur, l'humanité est à jamais esclave et abêtie, s'il est vaincu, elle recouvre ses droits, sa liberté, sa dignité.

VII

LE MARIAGE DANS LE CATHOLICISME

Le mariage est d'institution divine. Dieu créa un homme et une femme et les unit dans une perpétuelle société. Voilà l'institution primitive : un époux et une épouse indissolublement unis. Les passions la vicièrent en introduisant le divorce et la polygamie. La condition de la femme devint moins honorable et moins sûre ; elle n'était pas l'objet d'une affection constante et spéciale ; elle était un être inférieur soumis aux caprices et aux passions changeantes du mari. Ainsi abaissée, elle n'avait ni dignité, ni liberté ; elle menait une vie recluse et n'avait pas le droit de se produire au dehors. Chez les Romains, elle n'était que la sœur de ses enfants et l'esclave de son époux. Les droits de l'homme chez ce peuple célèbre étaient énormes et allaient jusqu'à la cruauté. Il pouvait disposer de sa femme en divorçant et de ses enfants en les privant de la vie. C'était dans la famille le droit de la force.

La Vierge mère du Sauveur releva en elle la femme et la tira de son état d'abjection. La sœur de la mère d'un Dieu ne devait être ni esclave ni avilie, elle devait avoir la même dignité que son époux, n'être plus le jouet de passions sans frein, mais l'objet d'un sincère et unique amour. Ce que Jésus-Christ a fait pour l'Église en l'aimant jusqu'à la mort, l'époux chrétien, sous l'empire de l'Évangile, doit le faire pour son épouse. Ce que l'Église fait pour Jésus-Christ, en supportant pour lui-même les tourments d'un cruel martyre, l'épouse chrétienne doit le faire pour son époux. Entre Jésus-Christ et l'Église l'union est perpétuelle, entre l'époux et l'épouse l'union est indissoluble. C'est par l'Église que Jésus-Christ enfante l'homme à la vie de la grâce, c'est par elle qu'il vit dans l'homme régénéré, c'est par l'épouse que l'époux devient père et vit dans ses enfants.

Le Christ, l'Église, le catholique, voilà la famille spirituelle, l'époux, l'épouse et l'enfant, voilà la famille naturelle.

La trinité surnaturelle : Jésus-Christ, l'Église, le fidèle, est le modèle de la trinité naturelle : le père, la mère, l'enfant. Tout ce que Jésus-Christ est pour l'Église, l'époux doit l'être pour son épouse, tout ce que le fidèle est pour Jésus-Christ et l'Église, l'enfant doit l'être pour son père et sa mère. L'époux est le chef de la famille, il n'en est pas le tyran ; il ne peut commander que ce qui est juste, avec affection et déférence ; il représente le Christ devant lequel il est responsable. Par son travail, il pourvoit aux besoins de la famille, par ses leçons et ses exemples, il l'édifie. La femme obéit, non comme une esclave ou une servante, mais comme une compagne honorée et respectée. Tous deux coopèrent au développement physique de l'enfant, à son développement intellectuel et moral ; tous deux élèvent et forment un chrétien. L'enfant n'entendant que des paroles édifiantes, n'exécutant que des ordres justes, ne voyant que de bons exemples, s'habitue de bonne heure à la piété et à la pratique de la vertu. On aime en lui non-seulement un fils ou une fille, mais encore une âme immortelle, destinée à jouir d'un bonheur sans fin. On le respecte autant qu'on l'aime, et on a pour lui, non une affection efféminée, capricieuse, mais une affection forte et constante qui sait, quand il le faut, reprendre, blâmer, louer et punir. Cette éducation vraiment chrétienne, qui repose sur un mâle et tendre amour, sur la haute idée que le père et la mère ont de leurs enfants et de leurs obligations, est douce sans faiblesse, grave et sérieuse sans amertume, et ferme sans dureté; elle donne de l'énergie au caractère, de la générosité au cœur, de la vigueur à la volonté pour repousser le mal et faire le bien, à l'âme un empire complet sur ses facultés et sur les passions sensuelles. Elle n'appartient qu'aux parents qui aiment l'enfant, même avant sa conception, usent saintement du mariage, n'ont en vue dans leur union que le but de la divine Providence et ne regardent pas comme un malheur la fécondité du mariage. Quand on a méprisé l'enfant dans sa conception, on le méprise dans son existence. On livre volontiers à une étrangère l'enfant dont on aurait voulu se débarrasser avant qu'il fût né, mais on élève soi-même l'enfant qu'on a désiré et on accepte généreusement les sacrifices qu'impose la maternité, pour en avoir plus tard la magnifique récompense. Rien n'est plus grand, rien n'est plus estimable que la mère chrétienne dont l'amour et le dévouement sont du jour et de la nuit, de l'enfance et de la jeunesse, et ne cessent qu'avec la vie.

La famille chrétienne est une école de piété, d'obéissance, de respect, de dévouement. La maison qu'elle habite est un sanctuaire où Dieu est aimé et servi, où les préceptes de la religion sont exactement observés, où les mœurs sont pures, où la paix règne. Toutes les volontés s'harmonisent, toutes les actions concourent au même but; elle forme un faisceau que rien ne peut rompre; elle est unie dans l'adversité et dans la fortune, après la mort des parents comme quand ils vivaient; elle se perpétue en se multipliant. Race disciplinée, honnête, généreuse, chaste, robuste, qui donne à l'Église des apôtres et à la patrie de vaillants défenseurs.

VIII

LA SOCIÉTÉ DANS LE CATHOLICISME

Dans une société où le catholicisme exerce son influence salutaire, tous les hommes sont unis par la même foi, la même espérance et la même charité. Ils demeurent sous l'action d'une même force, force divine qui pénètre toutes les âmes et établit entre elles une constante et merveilleuse harmonie. L'hérésie et la Révolution ont prétendu que pour réaliser un progrès inouï et atteindre le plus haut degré de civilisation, il fallait introduire la diversité des croyances religieuses, briser l'unité catholique, jeter dans les esprits les systèmes philosophiques et politiques les plus opposés, exciter dans les cœurs les aspirations les plus insensées et laisser aux passions un champ où elles se développeraient en pleine liberté ; de là le chaos dans lequel nous nous trouvons ; de là cette étrange situation des intelligences qui se heurtent les unes contre les autres ; de là cette agitation des cœurs avides de plaisirs, tourmentés par la jalousie, par la haine, qui, comme les vagues de l'Océan, se précipitent avec fureur dans un choc perpétuel. Le catholicisme n'entend pas ainsi le progrès : il ne le voit pas dans une lutte incessante, dans les révolutions continuelles, dans les guerres civiles, mais dans l'union des âmes sous l'empire de croyances sublimes.

Ce fut un travail immense et d'une difficulté surhumaine que d'établir l'ordre et de faire pénétrer les principes civilisateurs dans la société confuse, barbare et corrompue qui succéda à l'empire romain. Mettez l'athéisme en présence de ces hordes farouches et sanguinaires qui, enivrées du triomphe, dévastaient et opprimaient l'Europe, en présence de ces populations qui avaient été vaincues par les mauvaises mœurs avant de l'être par la force et la bravoure du vainqueur. Quelle influence eût-il exercée sur ces âmes fières, indomptables, livrées à l'orgueil de la victoire et à l'ardeur des passions? Comment eût-il d'un côté adouci ces caractères d'acier et mis dans des cœurs durs comme l'airain des pensées d'humanité et de bienveillance, et de l'autre raffermi le courage et changé les mœurs des vaincus , en un mot, fait de cette multitude divisées par des haines implacables une société unie par des sentiments élevés, par des idées communes, par des relations amicales et fraternelles ? On connaît beaucoup d'États que l'athéisme et la philosophie ont fait déchoir , on n'en connaît encore aucun qu'ils aient relevé de ses ruines et dont ils aient assuré la paix et la prospérité. Eh bien ! ce que tous nos faiseurs de systèmes impies n'ont jamais fait et ne feront jamais, le catholicisme l'a réalisé.

Ce ne fut pas sans doute l'œuvre d'un jour, d'un siècle, ce fut l'œuvre de constants et heureux efforts. Il fallait agir non-seulement sur un point, mais partout à la fois, non-seulement à une époque, mais toujours, agir avec un ensemble qui demandait la coopération d'hommes animés du même dévouement, soutenus par la même force et soumis à la même direction ; l'Église catholique était la seule institution qui pût satisfaire à ces indispensables conditions. Aussi, il sortit, lentement il est vrai, mais il sortit à la fin de cette épouvantable cahos une société éclairée par la même foi, dirigée par la même morale, une société où les lettres et les arts prirent un essort merveilleux, où la vraie liberté et la vraie civilisation reçurent un développement considérable, développement inconnu au monde ancien.

L'Europe forma une grande famille, la famille catholique. Toutes les nations devinrent sœurs et reconnurent l'autorité de la même Mère, et cette Mère, indignement calomniée par les modernes novateurs, montra à ses filles une affection tendre, infatigable, une sollicitude dévouée et vigilante, et si elle ne put pas, malgré l'activité de son zèle, supprimer toutes les querelles, empêcher tous les conflits, elle rendit les luttes moins fréquentes et intervint entre le vainqueur et le vaincu, pour arrêter la violence de l'un et protéger la faiblesse et le droit de l'autre ; elle éleva toujours la voix contre l'oppresseur en faveur de l'opprimé, et quand elle n'était pas entendue, elle usait des armes spirituelles mises à sa disposition par le Sauveur des hommes.

M. Guizot n'a pu s'empêcher de constater ces heureux effets de l'action, de la protection et de la vigilance de l'Église universelle. Il n'a ni tout vu, ni tout dit. Quand un historien savant et impartial aura bien examiné l'influence bienfaisante et civilisatrice du catholicisme sur le monde européen, depuis le quatrième siècle jusqu'à la Révolution française, il rectifiera un nombre considérable d'erreurs, il détruira d'innombrables calomnies et l'Église paraîtra aux yeux des peuples dans toute la majesté de la meilleure et de la plus affectueuse des mères ; de nouveaux diamants orneront sa couronne déjà si riche et si brillante.

On éprouve un sentiment mêlé de pitié et d'indignation, quand on entend les écrivains et les politiques de ce siècle reprocher à l'Église d'avoir favorisé la barbarie, d'avoir comprimé et abruti l'esprit humain et d'avoir été l'ennemie de la civilisation. Certes, l'esprit humain a fait de merveilleux progrès depuis qu'ils le pervertissent ! Il aurait été intéressant de les voir à l'œuvre avec les éléments que la religion avait entre les mains. On peut juger de ce qu'ils auraient fait du monde confus et sauvage qui couvrait au cinquième siècle la surface de l'Europe, par ce que les philosophes firent de la république romaine et par la civilisation qu'eux-mêmes nous donnent aujourd'hui. Civiliser sans une religion positive est impossible, et la religion catholique est la seule qui possède cette qualité dans toute sa vérité et dans toute son étendue. Si son œuvre n'avait pas été entravée par la Réforme et par la philosophie du dix-huitième siècle, nous aurions dans sa magnifique expansion une civilisation catholique éclatante et durable. Les guerres de religion, les guerres de la Révolution n'auraient pas eu lieu, le lien de la famille chrétienne n'aurait pas été rompu, les peuples ne seraient pas minés à l'intérieur par des idées funestes, et ils ne seraient pas à l'intérieur divisés par des hérésies et des haines implacables.

Tout ne serait pas calme sans doute; les guerres ne seraient pas absolument éteintes parce que les passions, malgré toute l'énergie que l'Église met à les réprimer, échappent souvent à son pouvoir dans les individus et dans les chefs des États. Mais elles n'auraient ni la même violence, ni la même durée. L'isolement du Saint-Père n'a pas été jusqu'aujourd'hui utile aux intérêts et à la paix des nations, et la France aurait eu besoin, dans ces derniers temps, de l'intervention qui arrêta souvent dans le passé l'effusion du sang et la cruauté d'un vainqueur qui n'a rien au-dessus de lui pour le contraindre. Oui, c'était un beau spectacle que celui de tous les peuples de l'Europe unis ensemble par une croyance commune, par les mêmes espérances et par les liens d'une charité qui avait son centre en Dieu Père des hommes et en Jésus-Christ le doux et divin Rédempteur, et c'est un triste et lamentable spectacle de voir les hommes séparés par les idées, les intérêts et les passions, et les peuples placés les uns en face des autres, comme des gladiateurs dans le cirque ou des duellistes dans un champ clos.

Le catholicisme sait par l'expérience des siècles, par l'enseignement de la sagesse divine, qu'il n'y aura jamais égalité ni dans les fortunes ni dans les conditions sociales, qu'il y aura toujours des riches, des pauvres, des maîtres et des domestiques, des patrons et des ouvriers. Il n'a pas la folie de vouloir supprimer ce qui est dans la nature, ce qu'impliquent forcément les aptitudes diverses, les capacités natives et l'ordre de la société ; tous ne peuvent pas commander, il faut qu'il y ait des hommes qui obéissent ; tous ne peuvent pas diriger, il faut qu'il y ait des hommes qui suivent la direction des autres ; tous ne peuvent pas arriver au même degré d'honneur, à la même fortune, à la même science. Il croit que les lois, que les combinaisons sont utiles, sont nécessaires, mais il est persuadé qu'elles ne suffisent pas et que seules elles sont impuissantes. La loi n'a qu'une action extérieure, on peut souvent lui échapper ; elle ne règle pas tous les détails de la vie ; elle ne préside pas à toutes les relations des hommes ; pour cela il faudrait un code immense et, pour l'appliquer, autant de magistrats que de citoyens. La folie de ce temps est de prétendre qu'on peut supprimer la religion, pourvu qu'on ait d'habiles législateurs. Hélas ! la religion supprimée, les législateurs multiplient en vain les lois, les juges et les gendarmes, ils ne réprimeront jamais les terribles passions de l'homme, elles leur échapperont toujours et malgré leurs efforts produiront d'épouvantables bouleversements. La loi est bien faible contre des consciences dépravées, quand elle n'a d'autre sanction que celle de la force, et quand elle se trouve en présence de masses incrédules. La pire des sociétés est celle où la conscience est insurgée contre la loi, où la force joue le rôle principal, et la meilleure société est celle où la conscience agit beaucoup, et où la force n'intervient que dans de rares circonstances.

C'est à quoi tend le catholicisme. Il déclare que la loi juste oblige non-seulement devant les hommes, mais encore devant Dieu. Il va plus loin : il supplée à tout ce que la loi humaine ne peut pas faire et forme la conscience du fidèle de telle sorte qu'il est sa loi à lui-même, sans l'intervention du législateur et du magistrat. Les principes sur lesquels il règle ses pensées et sa conduite sont simples et évidents : « Fais à autrui ce que tu voudrais qui te fût fait à toi-même ; ne fais pas à autrui ce que tu ne voudrais pas qui te fût fait à toi-même. » La justice et la charité, telles sont les deux vertus que Dieu, que la religion lui ordonne de pratiquer.

La terre et tout ce qu'elle contient appartiennent au Seigneur, qui est seul réellement propriétaire. L'homme n'est qu'usufruitier ; il ne lui est pas permis d'abuser des biens qui lui ont été confiés ; il a le droit de s'en servir pour lui et les siens, mais à condition qu'avec le superflu il viendra au secours du pauvre. L'indigent n'a pas à l'aumône un droit de justice ; cependant la charité oblige tout chrétien à secourir dans les limites de ses ressources quiconque est dans le besoin. La misère ne détruit pas le lien de fraternité qui unit l'homme heureux à l'homme qui souffre, au contraire elle le rend plus étroit. Le pauvre est le représentant de Jésus-Christ ; lui donner, c'est donner à Jésus-Christ lui-même ; c'est placer dans les trésors éternels des richesses périssables. L'aumône matérielle n'est qu'une partie des devoirs que la charité impose, elle exige encore la visite des malades et des prisonniers, les consolations dans les peines et les afflictions de la vie, les conseils dans les circonstances difficiles, l'instruction des ignorants. Donner froidement à distance, ce n'est pas témoigner assez de sympathie, d'intérêt et de dévouement, il faut aller soi-même dans le domicile d'un frère qui est dans le dénùment ou la souffrance et joindre au don matériel d'affectueuses paroles.

La charité se réjouit avec ceux qui se réjouissent, pleure avec ceux qui pleurent; elle a, pour essuyer les larmes, des accents inconnus à la philanthropie qui ignore les douleurs de Jésus-Christ et leur rapport mystérieux avec les douleurs des hommes. Elle peut absolument, quoiqu'elle le fasse toujours avec parcimonie et avec ostentation, donner le pain de la terre, mais le pain du ciel lui manque, et c'est ce pain qui fortifie, qui soulage et élève les âmes. Ces relations amicales et dévouées de fraternité chrétienne rapprochent le riche du pauvre, effacent en quelque sorte les distances, excitent dans les cœurs des sentiments de reconnaissance et de mutuelle affection. Le riche ne s'abaisse pas et le pauvre n'est point humilié, ce sont deux frères qui, sous l'œil du père qui est dans le ciel, s'entr'aident et s'encouragent. Que l'on crée des caisses de secours, des associations purement philanthropiques, jamais on n'ôtera à la misère ses amertumes et ses abaissements, jamais on ne la rendra supportable, jamais on ne calmera ses appétits et ses rancunes sans l'intervention de la charité catholique. L'indigent pourra être apaisé dans une partie de ses besoins, il ne le sera pas dans son orgueil, il nourrira dans son cœur une sourde colère et de sinistres desseins. Pourquoi, si ces épreuves n'ont aucun but, en soutiendrait-il avec patience le poids accablant? N'est-il pas homme, n'a-t-il pas aux jouissances les mêmes droits que les autres ? N'a-t-il pas entre les mains les moyens d'en obtenir une large part ? — la force brutale. Quand il jette autour de lui ses regards, quand il compte ses semblables, il reconnaît que cette force est de son côté et qu'il serait insensé s'il ne lui demandait pas le changement d'une triste et humiliante position.

Dans le catholicisme, l'employé, l'ouvrier, le domestique sont, avant tout, les serviteurs du Christ, par le sang duquel ils ont été rachetés. Comme chrétiens, ils sont les égaux du maître qui, pour cette raison, les respecte et les aime, ne leur prend point un temps que le Seigneur, le premier des maîtres, s'est réservé, ne s'enrichit point à leurs dépens et ne leur impose pas un travail trop lourd et trop fatigant. Il a en horreur l'esclavage de l'homme, enchaîné par des ordres inhumains à un travail impie, à un travail insuffisamment rétribué. Il est père, il n'est pas tyran ; ses ouvriers, ses employés, ses domestiques composent sa famille ; il prend soin d'eux comme il prend soin de ses enfants ; il veille sur leur santé, sur leurs intérêts, sur leurs âmes. Dans cette famille du Christ, où la soif d'acquérir n'éteint pas la sensibilité du cœur, où l'ingratitude n'étouffe pas la reconnaissance, on ne connaît ni la dureté du chef, ni l'insubordination des travailleurs. Il n'y a point une guerre acharnée entre le capital et le travail, parce que le capital a des entrailles, et parce que le travail a de la probité et de la conscience. Sous l'inspiration de la foi, de la justice et de la charité, les esprits sont unis, les cœurs s'aiment ; l'activité n'est point troublée par des plaintes, par des récriminations amères et suspendue par des conspirations et des grèves ruineuses. On n'y rencontre qu'une coalition, c'est la coalition de la justice, de la charité, de l'ordre, de l'affection, des bonnes mœurs, de la bonne conduite et d'un mutuel dévouement. Le patron trouve son profit dans ses entreprises, le travailleur dans l'état qu'il exerce. Le patron n'exploite point l'ouvrier, l'ouvrier n'exploite point le patron : tous exploitent le travail de chaque jour dans un commun et équitable intérêt.

Remplacez par des organisations, par des combinaisons économiques, les sentiments que la foi, que la justice, que la charité mettent au fond des cœurs, vous n'arrivez pas à supprimer les passions mauvaises et à empêcher leurs funestes explosions. L'égoïsme divisera toujours les chefs et les subordonnés : les premiers seront toujours durs et avides, les seconds se regarderont toujours comme des victimes qu'un sort malheureux soumet à de continuels tourments, à de criantes injustices.

En dehors de l'influence bienfaisante de la religion, la guerre est partout, elle est dans l'État, elle est dans la famille, elle est dans l'industrie, dans le commerce, dans toutes les agglomérations d'hommes. Si le chef est injuste et despote, s'il est habituellement immoral, l'ouvrier ne sait ni régler sa conduite, ni réaliser des économies sur son salaire. L'un gagne le plus qui lui est possible, l'autre dépense plus qu'il ne gagne. Comment seraient-ils contents et vivraient-ils en paix dans une si difficile situation ? On voudrait remédier à cet état menaçant par des lois, des règlements, des leçons et des conseils, mais les passions demandent un frein plus puissant, le frein de la conscience et la conviction de la valeur éternelle du travail, valeur qui n'est révélée que par la foi chrétienne.

IX

L'ENSEIGNEMENT DANS LE CATHOLICISME

L'Église a conservé la littérature de l'antiquité. Sans elle les chefs-d'œuvre de la langue latine et de la langue grecque auraient disparu au milieu de l'invasion des barbares. Par un travail d'une patience infatigable et par un dévouement trop oublié, elle multiplia les manuscrits et sut les soustraire au fléau dévastateur qui couvrait l'Europe de ruines. Elle ne garda point, dans le secret des monastères, les trésors qu'elle avait amassés avec une peine infinie, elle les divilgua et établit des écoles pour enseigner les langues dans lesquelles étaient écrits les livres dont elle était dépositaire. L'accusation qu'on a portée contre elle, d'avoir favorisé l'ignorance et répandu les ténèbres est une accusation odieusement injuste ; elle n'a pas plus de fondement que beaucoup d'autres calomnies que l'incrédulité a inventées, et qu'elle s'est efforcée de propager. Quand on examine l'état de la société bouleversée de fond en comble par les hordes que le Nord avait vomies sur le Midi, l'indescriptible confusion que l'invasion avait produite, on est étonné du mouvement civilisateur qui succéda immédiatement au cataclysme.

de l'immense essort que l'Église donna à l'étude des lettres et des sciences, et des progrès qu'elles avaient faits sous sa protection et son influence. Dans le but de répandre l'instruction et de créer de nombreux foyers de lumière, elle avait établi les Universités. On donnait ce nom à des corps savants qui enseignaient toutes les branches des sciences humaines et divines ; ces corps, solidement et libéralement constitués, se perpétuaient par le libre choix des membres qui les composaient, possédaient des privilèges importants et jouissaient d'une grande indépendance. Leurs chartes avaient été approuvées par le Saint-Siége et par l'État ; mais ils n'étaient soumis ni à la direction immédiate du gouvernement, ni à la direction immédiate du Souverain-Pontife. L'État avait le droit d'intervenir, si l'enseignement était dangereux pour l'ordre public, et le Saint-Siége s'il n'était pas conforme à la foi; du reste, liberté complète dans leur activité intérieure, dans les méthodes, dans la collation des grades. Chargés d'enseigner la jeunesse et de la former à la vertu et à la science, les professeurs étaient tenus de n'altérer ni leur foi ni leurs mœurs. On exigeait d'eux l'affirmation qu'ils ne s'éloigneraient pas de la doctrine catholique et qu'ils ne soutiendraient pas une doctrine contraire.

L'organisation de l'enseignement avait, dans l'ancienne France, d'immenses avantages. L'instruction ne dépendait pas du gouvernement, qui ne jouait pas le rôle ridicule de maître d'école, et les professeurs n'étaient pas soumis au pouvoir despotique d'un directeur de l'esprit public ; ils n'étaient pas les serviteurs de ses pensées et de ses systèmes. La discipline appartenait aux membres de l'Université. Chaque professeur était responsable devant ses collègues. Comme il y avait plusieurs Universités, il y avait entre elles une ardente émulation. Chacune cherchait à produire des hommes distingués afin de maintenir et d'augmenter la gloire de la corporation. Sur tous les points de la France, on trouvait des centres d'activité intellectuelle qui ne subissaient point les idées de la capitale. La province, qui avait ses illustrations, n'entendait point suivre servilement l'impulsion de Paris ; elle savait penser et agir par elle-même. Les élèves tenaient à honneur de ne pas laisser déchoir la réputation dont jouissait l'Université où ils faisaient leurs études. L'enseignement n'était point monotone, décoloré, uniforme. Les professeurs suivaient les méthodes qui leur paraissaient les meilleures et mettaient leur expérience à profit sans rencontrer des entraves. Les progrès étaient partout considérables, grâce à la liberté, à l'activité des maîtres, grâce au travail et à l'émulation des élèves. La littérature grecque, la littérature latine, la littérature française étaient cultivées avec passion. On n'avait pas seulement une teinture de ces littératures si riches, si pures, si intéressantes ; on les possédait à fond, on continuait à les étudier après avoir terminé le cours d'études ; elles faisaient le charme de la vie et de la conversation : la France était alors une nation solidement instruite, une nation supérieure à toutes les autres par la culture de l'esprit, par la délicatesse du goût et l'élévation de l'intelligence. La province qui avait son mouvement scientifique produisait beaucoup d'hommes éminents. Ils ne faisaient point estampiller à Paris leur valeur intellectuelle, et pour cela n'avaient pas moins de mérite. Elle avait des études, des écrivains remarquables, des savants modestes et distingués, et les villes les moins populeuses n'en étaient pas déshéritées.

Il est vrai que la liberté, beaucoup plus grande qu'aujourd'hui sur les points essentiels, n'existait pas sur les questions religieuses. Les professeurs étaient obligés de s'engager par serment à ne jamais blesser la foi des élèves et à ne jamais corrompre leurs mœurs. La jeunesse des écoles n'entendait point de discours impies, elle n'assistait point à des leçons où tantôt directement, tantôt indirectement, à mots couverts ou par des allusions, on attaquait la religion de la famille et des ancêtres, elle ne connaissait pas dès les premières années le doute sur les vérités les plus augustes, elle n'était pas livrée sans frein aux assauts redoutables des passions naissantes. Elle ne s'habituait pas à se moquer de ce qu'il y a au monde de plus vénérable, elle était élevée dans des sentiments de respect et d'obéissance. Cette obligation imposée aux professeurs des Universités anciennes et regardée par l'Université moderne comme une monstrueuse intolérance était-elle injuste et déraisonnable? Quel est aujourd'huit le père de famille, quelle est la mère de famille qui tiennent à ce que leurs enfants perdent jamais, et surtout dès l'aurore de la raison leurs croyances religieuses? Le professeur n'est-il pas en conscience leur mandataire, ne le chargent-ils pas non-seulement d'instruire, mais encore d'édifier le jeune élève qu'ils lui confient? Même à cette triste époque, ils est donc tenu, sinon par un engagement formel vis-à-vis de l'Université de France, au moins par un engagement d'honneur, à marcher sur les traces des professeurs d'autrefois. Mais comment tenir cet engagement, quand on est incrédule, quand on hait l'Église, quand on est protestant ou juif?

Ostensiblement obligé à former un catholique, on manque à sa mission, on ment aux parents, à la société, si l'on joue le rôle ignoble d'un hypocrite. Les conséquences de cette hypocrisie seraient lamentables, elle produirait une génération de jeunes gens qui ne croirait ni à Dieu, ni à la religion, ni à la famille, ni à la patrie, qui ne croirait qu'à l'égoïsme et aux plaisirs, génération dégoûtée des lettres et des sciences, de tout ce qui est beau, de tout ce qui est bien, qui s'avilirait dans une vie oisive et dévergondée, incapable d'une grande pensée et d'un héroïque dévouement. Tout repose sur le faux dans notre société révolutionnaire, tout est contradictoire, tout est absurde, tout est funeste.

Si au moins la liberté laissée d'attaquer la foi des Pères de l'Église, de Descartes, de Bossuet et de Fénélon, était utile aux progrès des lettres et des sciences, elle aurait un côté qui, sans la justifier, la légitimerait aux yeux des hommes indifférents, mais elle n'a pas même ce prétexte en sa faveur. Elle n'a rien fait progresser, elle a au contraire tout bouleversé, tout abaissé, tout corrompu. La philosophie a-t-elle pris un essort? Est-elle arrivée à des vérités précédemment inconnues? Elle a reproduit les systèmes des panthéistes indiens et grecs ; par elle, la raison a rétrogradé de plusieurs milliers d'années. Les lettres ont-elles jeté plus d'éclat que dans les siècles passés ? Elles sont au contraire tombées à ce niveau de pâleur, d'énervation, d'immoralité, de décadence, où l'on ne trouve plus l'inspiration et la vie, mais la mort et la dissolution. Les travaux historiques sont-ils supérieurs à ceux de Mabillon et des autres Bénédictins ? Ne sont-ils pas remplis d'erreurs, fruit d'une étude superficielle, d'une critique ignorante, partiale et systématique ? Les sciences physiques ont progressé, cela est incontestable, mais doivent-elles leurs belles inventions à la négation de la foi ? N'aurait-on pas découvert les applications merveilleuses de la vapeur et de l'électricité si on avait conservé le *Credo* ? Aurait-on marché avec lui d'un pas moins ferme dans ce qu'on appelle le progrès moderne ? L'incrédulité est la cause de tout ce qu'il y a de faux et de trompeur dans le progrès et la cause de toutes ses défaillances et de tous ses mécomptes. Si elle n'avait pas existé, le progrès serait pur de toute souillure, de tout vice, il n'aurait rien perdu de ce qu'il a de réel et d'utile et serait durable parce qu'il aurait un principe de vie et de vérité qui lui manque. Le catholicisme élève l'âme, purifie le cœur et le fortifie contre les penchants mauvais, donne plus de vive clarté à la raison, plus de solidité à l'intelligence, plus de temps au travail. Il ne repousse rien de ce qui est vrai, de ce qui est grand, de ce qui peut rendre ici-bas l'homme plus digne, plus saint et plus heureux.

X

LA LIBERTÉ DANS LE CATHOLICISME

Être libre, c'est avoir la puissance de se déterminer et d'agir sans subir une nécessité au dedans ou au dehors, c'est comprendre ce que l'on veut, ce que l'on fait, et c'est vouloir et faire avec une pleine indépendance. La pierre qui tombe n'est pas libre, elle cède fatalement à une force qu'elle ne peut vaincre. L'animal n'est pas libre parce qu'il sent ce qu'il fait sans le comprendre et parce qu'il suit invinciblement son instinct. L'homme est libre parce qu'étant doué d'intelligence il veut ou ne veut pas, agit ou n'agit pas à son gré, en connaissance de cause. Son âme n'est pas cependant en complet équilibre ; pour elle le mal a plus d'attrait que le bien. Un secours d'en haut est nécessaire pour diriger sûrement la volonté vers le bien que réclame la conscience. Sans ce secours, avec le pouvoir de vaincre, il sera souvent vaincu tantôt par une passion tantôt par une autre. Dieu qui agit sur la nature entière, qui imprime aux astres leurs mouvements et fait sentir son empire à tous les règnes de la nature, n'a pas voulu que l'homme fût en dehors de son action bienfaisante et tutélaire, mais cette action s'exerce suivant certaines lois que la divine Providence s'est prescrites et auxquelles l'homme est obligé de se soumettre. Il a été racheté par le Rédempteur de l'esclavage de Satan, c'est-à-dire d'un état où, par suite du péché du premier homme, le génie du mal avait sur son intelligence et sur sa volonté une funeste influence.

Néanmoins, dans l'état de régénération où le Christ l'a placé, il conserve sa faiblesse originelle et a besoin à chaque instant du secours divin, de la grâce qui éclaire son intelligence et fortifie sa volonté ; par elle il voit sûrement la vérité, par elle il fait sûrement le bien. Sa raison en elle-même n'est pas impuissante, sa volonté n'est pas incapable d'agir par ses propres forces, mais quoiqu'il puisse connaître les vérités de l'ordre naturel, il ne les connaîtra jamais exactement et sans erreur dans leur ensemble, et quoiqu'il puisse pratiquer la vertu. il n'accomplira jamais les préceptes de la loi sans faillir en beaucoup de points très-importants. Les vérités de l'ordre surnaturel sont au-dessus de la raison et les vertus surnaturelles sont au-dessus de son pouvoir.

L'incrédulité le soumet nécessairement à un double esclavage, esclavage de la raison qui n'échappera pas à l'empire de l'erreur, esclavage de la volonté qui n'échappera pas au joug des passions. D'un côté, il refuse la lumière, il ne verra pas ; de l'autre il refuse la force, il ne résistera pas. C'est en vain qu'on veut opposer à cette loi divine de prétendues lumières et de prétendues vertus. Une longue et triste expérience montre que la loi existe et que les effets sont incontestables. Quel est l'incrédule loyal, de bonne foi, qui peut dire qu'il est assuré d'être dans le vrai, qu'il a résolu avec certitude tous les problèmes de la nature et de la destinée de l'homme, qui peut affirmer, la main sur la conscience, qu'il a observé et qu'il observe la loi naturelle dans tous ses points et qu'il est assez fort pour ne jamais prévariquer dans les pensées et dans les actes ? il est obligé de confesser que le doute l'obsède à chaque instant, que le vice a souvent prise sur lui, et s'il parle avec sincérité, il avouera qu'il n'a point quitté le catholicisme pour être plus éclairé et pour pratiquer la vertu avec plus de zèle et de ponctualité, en un mot, qu'il ne l'a pas quitté pour devenir meilleur.

D'où viennent en effet les divisions infinies des incrédules dans leurs systèmes ? D'où viennent les oppositions de doctrines sur tous les points ? De ce qu'ils n'ont pas trouvé la vérité: s'ils avaient la vérité, ils seraient d'accord, car la vérité est une comme l'erreur est multiple. Voilà six mille ans qu'ils sont à la recherche du vrai et voilà six mille ans qu'ils discutent, qu'ils se contredisent et qu'ils s'égarent, au point que Cicéron déclare qu'il n'y a pas d'absurdité qui n'ait été avancée et soutenue par quelque philosophe. De notre temps, un philosophe a imaginé de prendre dans les différents systèmes ce qu'ils ont de vrai et de laisser ce qu'ils ont de faux, pour composer enfin un système entièrement à l'abri de l'erreur. Mais il fallait, pour réussir dans ce grand et difficile travail, avoir un criterium, un moyen sûr de contrôler les systèmes divers, de reconnaitre la vérité et de la distinguer de l'erreur, comme il faut à l'orfèvre une pierre de touche pour éprouver les métaux. Or, manquant de cette pierre de touche, de cet instrument indispensable, il a tout mêlé, tout confondu, et sa philosophie qui n'a ni plus de solidité, ni plus de certitude que les autres philosophies, a été selon la coutume renversée par ses disciples. Ces savants prétendus sont donc plus ou moins esclaves de l'erreur et n'ont pas la liberté de l'intelligence. La liberté de penser qu'ils proclament si haut n'est que la liberté d'aller d'un erreur à l'autre, de marcher dans les ténèbres sans savoir où ils vont et sans pouvoir en sortir, c'est la liberté du prisonnier qui, dans un cachot obscur, ne distingue pas les objets, se promène et rencontre les murs qui le séparent de la lumière et de l'indépendance. Voilà cette liberté tant vantée, elle est un esclavage humiliant de la raison enchaînée par des idées fausses, secouant une chaîne pour en trouver une autre, errant sans fil conducteur dans un inextricable labyrinthe.

Cet esclavage, si triste pour les hommes dont l'intelligence a été cultivée par l'étude, est, pour le peuple, un état effroyable de dégradation. Il n'est pas d'erreurs grossières qu'il n'imagine ou qu'il n'accepte, pas de superstition qui ne le déshonore. Un peuple incrédule est un peuple d'une stupide crédulité. Ses maîtres peuvent à leur gré abuser de son ignorance et de ses passions. Ils répandront les bruits les plus absurdes, ils prêcheront par la parole ou par la presse les plus monstrueuses doctrines, les plus abominables systèmes, ils seront écoutés et trouveront partout de l'écho. L'instruction sans la foi n'est pas un remède à cette maladie, elle est au contraire un moyen de l'aggraver en rendant possible la lecture des mauvais journaux et des mauvais livres. Si les libres-penseurs tiennent à ce que le peuple sache lire et écrire, ce n'est pas pour élever le niveau de son intelligence, c'est pour lui communiquer plus facilement leurs détestables erreurs. C'est pour le corrompre sur une plus large échelle, c'est pour lui faire subir dans toute son étendue l'esclavage de l'intelligence, esclavage si commun dans les grandes villes, dans ces cités qu'on appelle des centres de lumière et de civilisation.

L'esclavage moral est un autre résultat de l'incrédulité. Elle parle beaucoup de vertu et prétend rendre les hommes meilleurs en les affranchissant de la religion, mais la vertu dans ses phrases sonores est un mot sans réalité. Qui prononça plus souvent et avec plus d'emphase ce mot si noble en lui-même que l'ignoble et sanguinaire Marat ? N'était-il pas sans cesse dans la bouche de Robespierre, de Danton et de tous les cannibales qui couvrirent la France de crimes et de ruines ? Il ne faut donc pas s'en tenir au mot, il faut aller à la chose. Pour l'incrédulité la vertu manque de base, elle n'a pas de récompense assurée dans ce monde et la vie à venir n'existe pas. Le vice, au lieu de se présenter avec la perspective d'un terrible châtiment, se présente avec les attraits de la jouissance immédiate. C'est pour la vertu une dangereuse situation. Le vice est agréable et souriant, la vertu est austère, elle a contre elle les penchants mauvais de la nature, l'ardeur des passions, la faiblesse de la volonté. Elle n'est pas seulement un acte extérieur, elle est avant tout un acte intérieur qui a son siége dans le sanctuaire de la conscience. Qui sondera la conscience de l'incrédule, qui pénétrera ses pensées, ses désirs, ses desseins ? Il y a un monde moral que l'œil de l'homme ne voit pas, il y a un esclavage dont les chaînes ne tombent pas sous les regards et qui n'en existe pas moins. Sans doute les circonstances ne permettent pas toujours à la volonté de produire au dehors les pensées, les désirs, les desseins. Souvent il n'y a pas possibilité de le faire, souvent la crainte d'être atteint par la loi ou par le déshonneur retient la langue ou la main, souvent aussi la passion l'emporte sur l'intérêt, souvent les calculs de l'impunité sont jugés exacts et la loi de Dieu et la loi humaine sont violées.

Pour être toujours droit, pour être toujours ferme dans la pratique du bien et dans la fuite du mal, la volonté a besoin du concours de la force divine. La vivacité des passions, les occasions qui se présentent l'entraînent si elle n'est pas secourue par l'auteur de toute sainteté, et le secours n'est accordé qu'à la foi et à la prière. L'incrédule viole donc souvent dans sa conscience, souvent aussi dans ses actes, les lois morales. Avec une apparente honnêteté, il est devant celui qui sonde les cœurs et les reins gravement coupable. Il cherche, par des raisonnements tirés de sa philosophie, à légitimer à ses propres yeux le vice dont il subit l'empire, mais dans le calme de la conscience, il ne peut se faire illusion. Ses inquiétudes intérieures, le malaise qu'il éprouve lui disent qu'il est sous le joug pesant d'un double esclavage, de l'esclavage de l'erreur et de l'esclavage du mal.

Un peuple plongé dans ce double esclavage ne peut être libre politiquement, la force devra remplacer les croyances. Il sera inévitablement le jouet de ses inclinations mauvaises ou des agitateurs qui les exploiteront. L'instruction ne peut ni créer cette précieuse liberté de l'âme honnête, ni la suppléer. Savoir qu'un acte est mauvais ne suffit pas pour le faire éviter, la conscience, du reste, précède sur ce point l'instruction qui rend le vice plus habile, moins grossier, les manières plus distinguées et le langage plus poli, mais ne fait pas disparaître les passions ; en les adoucissant elle ne diminue par leurs exigences. Les populations des villes, plus instruites que les populations des campagnes, leur sont inférieures en moralité, parce qu'elles leur sont inférieures en religion. L'instruction seule ne fera jamais un homme vertueux. Basée sur la foi, elle aura des résultat excellents, basée sur l'incrédulité elle changera les procédés, mais elle ne changera pas les actes.

Le vrai catholique, le catholique qui veut sincèrement harmoniser l'ensemble de sa vie avec la religion qu'il professe échappe à cette dure et accablante servitude. Par la foi il est dans la vérité. Il ne se laisse point égarer par les opinions trompeuses des hommes, par leurs vains systèmes, il croit au Verbe éternel, à la doctrine qu'il a apportée sur la terre, doctrine certaine, complète et consolante. Il est affranchi des erreurs qui seraient venues de ses réflexions et de ses recherches personnelles, et des idées qu'il aurait puisées dans les élucubrations de la libre-pensée. Il connait les moyens d'éclairer sa conscience, il trouve la lumière dans la loi chrétienne expliquée par l'Église et il échappe aux illusions décevantes des passions. Il sait comment il peut fortifier sa volonté chancelante ; il prie Dieu, il l'adore, il trouve les forces qui lui sont nécessaires dans les remèdes purificateurs que renferment les sacrements, et se préserve ainsi de l'esclavage du mal. S'il lui arrivait d'y succomber, il se relèverait à l'instant et ne s'y enracinerait pas. Sa conscience n'est ternie ni par des pensées mauvaises, ni par des désirs coupables, ni par des desseins pervers, et sa conduite, qui est l'expression de la pureté de son âme, est irréprochable et sainte. Persuadé que Dieu le voit le jour et la nuit, qu'il est présent à ses luttes, il le craint et met en lui sa confiance. Cette crainte et cette confiance lui font éviter de dangereux écueils et le maintiennent dans le chemin de la justice, de la chasteté et de la charité.

On ne craint pas de dire qu'il ne diffère en rien de l'incrédule. Sans doute il est des catholiques infidèles qui, tout en croyant les vérités de la religion, n'y conforment pas leur conduite, mais alors ils n'emploient pas les moyens que la religion met à leur disposition, ils ont une foi morte et ressemblent aux impies parce qu'ils marchent sur leurs traces. Mais tout catholique exact à suivre les conseils et les prescriptions de l'Église sera incontestablement ce qu'il doit être : un imitateur du Christ. Il aura la liberté de l'intelligence et la liberté de la volonté et il sera digne des libertés politiques de son pays. On pourra sans inconvénient choisir la forme de gouvernement qui paraîtra la meilleure, la Monarchie ou la République, édicter le suffrage universel ou le suffrage restreint et reconnaître la liberté de la presse, la liberté d'enseignement, le droit de réunion, le jury, etc. On est assuré d'avance qu'il sera aussi bon citoyen qu'il est bon catholique et que son dévouement à la patrie sera égal à son dévouement à l'Église ; mais avec l'athéisme, avec la philosophie, il n'y a de possible que le despotisme ou l'anarchie, que la société païenne où l'esclavage protégeait les riches contre les pauvres, où l'asservissement de la femme garantissait dans la famille la pureté des mœurs. Prétendre créer et maintenir, sans la liberté morale que l'Église a proclamée et introduite dans le monde moderne, des libertés politiques communes à tous les membres d'une grande nation, c'est vouloir faire tenir debout un palais magnifique, en supprimant le fondement sur lequel il repose.

XI

LA FOI ET LA RAISON

La raison est une lumière naturelle qui vient de Dieu, raison première et infinie ; la foi est une lumière surnaturelle qui jaillit de la même source. Ce que l'une n'éclaire que de rayons obscurs et souvent incertains, l'autre l'éclaire d'une lumière abondante ; ce que l'une ne peut apercevoir, l'autre le révèle. La foi est donc un puissant auxiliaire de la raison, au lieu d'être pour elle un obstacle. Partout où la foi n'a pas pénétré, la raison est restée faible, chancelante, sujette à l'erreur ; partout où elle a pénétré, la raison affermie par son intervention bienfaisante a réalisé des progrès considérables. La philosophie, livrée à elle-même, n'est jamais parvenue à résoudre, avec ensemble et fermeté, les nombreux et difficiles problèmes qui se posaient devant elle. Les plus grands génies ont échoué dans cette périlleuse entreprise et si, dans leur route, ils ont éclairé quelques points, ils ont laissé dans les ténèbres les plus importants ou se sont égarés en voulant y toucher. Qu'est-ce qui fait la supériorité des nations chrétiennes sur les nations étrangères au christianisme? Ce n'est pas le climat : des nations infidèles ont souvent un climat plus doux, un ciel plus serein, un air plus pur ; ce n'est pas le sol : elles habitent des régions plus fertiles et d'une culture moins pénible. Du reste, avant le christianisme, les pays qu'il a civilisés étaient plongés dans des ténèbres plus épaisses que les pays aujourd'hui si arriérés, où sa puissante influence ne s'est pas fait sentir. Un premier fait incontestable, c'est la révolution intellectuelle, c'est le progrès qui s'est produit en Europe et ailleurs, sous l'action de la foi. Ce progrès, sans doute, n'a pas été instantané, mais il s'est effectué par un mouvement successif et non interrompu. Un autre fait qu'il est facile de constater, c'est l'abaissement de la raison, correspondant à l'abaissement de la foi.

A peine la raison a-t-elle eu renié la foi qu'elle a fait fausse route et s'est jetée dans les systèmes les plus opposés et les plus absurdes. Pour ne parler que de la France, nous avons eu dans le dernier siècle le matérialiste Helvetius, le déiste Rousseau, qui a imaginé l'homme sauvage et la souveraineté du peuple, le sceptique Voltaire qui tantôt affirme l'existence de Dieu et l'immortalité de l'âme, tantôt ne croit ni à Dieu ni à l'âme. Il serait trop long de rapporter en détail les inepties et les contradictions des philosophes incrédules du XVIIIe siècle. Quelle différence entre eux et les philosophes du siècle précédent : Descartes, Pascal, Bossuet et tant d'autres hommes illustres, dont la raison est si ferme, si profonde, si éclairée ! Où sont, sous Louis XV et aujourd'hui, les fortes intelligences, les grands écrivains de ce siècle immortel ? Quand on entend parler des progrès de la philosophie, on se demande où sont ces progrès. En fait de vérité, les philosophes du jour n'ont rien trouvé de nouveau ; en fait d'erreurs, ils ont répété les erreurs de tous ceux qui s'étaient égarés avant eux. Ils ne sont pas dans le vrai, comme les philosophes de l'époque de Louis XIV, et ils sont dans le faux, comme les philosophes que la foi n'avait pas éclairés ou qui ont fermé les yeux à ses enseignements. Là est tout le progrès.

La foi n'est pas seulement utile à la raison dans les sciences philosophiques, elle l'est encore dans la science du gouvernement. Nous avons eu des utopistes, des hommes à expédients, des hommes sans principes, mais nous n'avons pas eu des hommes ayant un système fondé sur le vrai, un système solidement arrêté, des hommes voyant de loin et connaissant à distance les conséquences de leurs actes. On a posé des principes funestes, sans prévoir les résultats malheureux auxquels ils devaient conduire. On sent le danger de la situation et on ignore les moyens d'y porter remède. On est comme un homme qui entre dans un labyrinthe sans savoir par où il doit passer et qui, perdu dans l'obscurité et dans des chemins inextricables, n'a ni flambeau ni fil pour en sortir. Voilà les politiques de ce temps, les politiques tels que l'incrédulité les a faits. Ils veulent conduire les peuples, sans s'appuyer sur la religion, sans être guidés par elle ; les peuples se démoralisent, s'agitent, se dissolvent, et ils ne comprennent pas qu'ils ont entrepris une œuvre impossible et que la restauration ne peut avoir lieu que par les moyens qu'ils ont rejetés.

Aussi les hommes dont l'intelligence a été developpée par l'étude, les hommes qui ont réfléchi sur eux-mêmes et sur les conditions de la société, privés de la foi, manquent-ils d'un élément indispensable de lumière et de direction. Ils flottent incertains entre des doctrines opposées, ils ne savent pas distinguer précisément ce qui est vrai de ce qui est faux, ce qui est bien de ce qui est mal, ils ignorent les limites qui séparent le vice de la vertu. Les systèmes de philosophie, de politique et d'administration qu'ils ont inventés, essayés, repoussés et repris montrent combien ils sont peu fermes dans leurs convictions. La raison chez eux a baissé, elle n'est pas à la hauteur où elle se trouvait chez les hommes qui, dans les siècles passés, croyaient à la religion et la mettaient en pratique. Elle marche, mais elle tatonne, elle fait des circuits au lieu d'avancer ; elle a un bandeau sur les yeux et ne sait ni où elle est ni où elle va. Avec la raison diminue le bon sens, qui n'est en réalité que la raison dans son expression simple et vraie, dans son sens pratique. On ne peut le nier, des faits trop nombreux et trop patents le prouvent, le bon sens est rare aujourd'hui, même parmi les esprits cultivés, et jamais on ne vit se produire au grand jour autant d'idées insensées, autant d'absurdes théories.

Les hommes d'État, les organisateurs de la société humaine, les sages de ce temps, qui ne s'aperçoivent pas que le bon sens leur fait souvent défaut, sont effrayés de la situation intellectuelle et morale du pays, des hallucinations des ouvriers et en général des classes inférieures. Ils se persuadent que le mal vient du manque d'instruction et que, si tous les citoyens savaient lire et écrire, connaissaient l'histoire, la géographie, la philosophie, les mathématiques, la physique et la chimie, il se produirait à l'instant une merveilleuse révolution: tous respecteraient les lois et s'y soumettraient, tous rempliraient avec exactitude les devoirs de leur position; les règles de la probité et de la morale ne seraient plus violées.

Ils devraient d'abord remarquer que ce n'est pas le peuple qui fabrique et répand des systèmes dangereux et de funestes doctrines, que tout ce qu'il a de pervers dans les idées, il le tient précisément des gens instruits, et que si l'instruction n'a pas pu réformer les savants, elle sera incapable d'exercer sur les ignorants une influence suffisante. Une seconde remarque, c'est que le peuple n'a ni le temps, ni les moyens nécessaires pour acquérir la science qu'on voudrait lui communiquer, et que s'il pouvait l'acquérir, elle le dégoûterait de sa condition et de son travail habituel. Il n'aura jamais qu'une instruction bornée, une demi-science dont l'action sur sa vie morale sera très-limitée, si elle n'est pas nulle, si elle n'agit pas dans un sens opposé. Une troisième remarque, c'est que le peuple ne commet pas le mal par ignorance. Aucune instruction ne déterminera ses devoirs d'une manière plus précise que le cathéchisme et ne donnera à leur accomplissement des motifs plus élevés et plus persuasifs. Il ne pèche pas parce qu'il manque de notions morales, mais parce que, entraîné par les passions, il manque de ferme volonté. Il faudrait, outre la connaissance de ses obligations qu'il a parfaitement, pour lui faire pratiquer la vertu, les exemples des savants, et ce sont précisément ces exemples qui lui enlèvent ses croyances et le convainquent que la morale n'est bonne que pour les dupes. La philosophie, avec tous ses axiomes et toute sa science, ne vaudra jamais pour le peuple l'impression produite par une conduite religieuse et édifiante de la part de ceux qui sont au-dessus de lui.

En Prusse, l'instruction est fort répandue ; mais à côté de l'instruction est la volonté très-prononcée du gouvernement de faire respecter la religion, et cependant nous avons vu par une douloureuse expérience que l'instruction avec le protestantisme, meilleure sans aucun doute que l'instruction séparée de toute religion positive, ne donnait pas à un peuple un degré bien élevé de civilisation et n'empêchait ni la rapacité, ni la cruauté, ni les plus odieux traitements appliqués à des vaincus qui méritaient quelques égards.

L'instruction, à coup sûr, ne manque pas aux populations immorales et turbulentes de nos grandes villes ; quel est le peuple plus instruit que le peuple de Paris ? Rien ne lui fait défaut, ni les écoles primaires, ni les écoles secondaires, ni les écoles spéciales, ni les cours de philosophie et de science, ni les bibliothèques, ni les monuments artistiques, et cependant c'est le peuple le plus immoral et le plus ingouvernable du monde.

L'instruction est bonne en soi, elle développe l'intelligence, elle donne de la perspicacité et de la rectitude à la raison, mais elle ne suffit pas pour rendre l'homme vertueux. Il n'agit jamais sans motif; lui parler de la beauté de la vertu, c'est remplir une noble mission, mais ce n'est pas assez pour déterminer sa volonté. Il n'y a que deux motifs de détermination : l'intérêt de ce monde qui flatte les passions et l'intérêt de l'éternité qui les réprime. Vouloir obliger l'homme à s'oublier sans cesse lui-même par le seul motif de la beauté morale des actions, c'est méconnaître sa nature, c'est la supposer autre que Dieu ne l'a faite. L'intérêt de ce monde est saisissant et par là même, il est dangereux, car les passions, qui demandent impérieusement des satisfactions immédiates, agissent avec trop de puissance pour laisser à des calculs égoïstes la liberté des combinaisons les plus habiles. L'intérêt de ce monde consiste à être heureux pendant la vie présente, et tout ce qui peut réaliser le bonheur, tel que l'imagination se le représente, est permis et doit être recherché : ce principe conduit dans la pratique aux plus détestables applications. Reste l'intérêt supérieur, l'intérêt de l'éternité qui oblige à une lutte constante contre les penchants mauvais, à une guerre incessante contre le vice et exige par là même de solides et positives croyances. Le catholicisme seul les enseigne et seul il peut conduire l'homme à la perfection morale. Il échoue quelquefois sans doute ; mais s'il échoue avec des dogmes sublimes, que fera l'intérêt humain dans son isolement, avec ses perplexités et ses illusions ? Aussi le catholicisme ne sépare jamais la morale de la sanction qui récompensera les observateurs de la loi et punira les infracteurs. La raison de l'homme ignorant ou peu instruit trouve dans la foi un ferme appui ; faible elle-même, elle est forte par ce soutien, peu éclairée par l'instruction, elle trouve de vives lumières dans des croyances divines.

Ce flambeau absent, il se produit aussitôt une obscurité profonde. Il n'est pas d'absurdités qu'un peuple incrédule n'imagine, pas d'absurdités qu'il n'admette. Les aberrations les plus étranges, les crimes les plus énormes ne trouvent pas d'obstacles dans son esprit, de répulsion dans son cœur. Il entend les orateurs avec d'autant plus de plaisir et d'assentiment qu'ils lui disent plus de choses incohérentes et déraisonnables. Il lit avec d'autant plus d'avidité les livres et les journaux qu'ils renferment plus d'immoralités, plus de déplorables enseignements ; sa raison consiste à déraisonner et son jugement à fermer l'oreille à la justice. Vit-on jamais de plus ignobles orgies que dans les clubs de Paris et de nos grandes villes ? Le club le plus fréquenté est celui où la raison se montre le moins, les discours les plus applaudis sont ceux qui renferment les phrases les plus inintelligibles, qui outragent le plus la langue et le bon sens et expriment les doctrines les plus perverses. Dans un de ces clubs, un homme de bien voulut un jour parler raison, il fut accueilli par des torrents d'injures, d'abominables imprécations et de furieuses menaces. Voyant les dispositions de cet auditoire d'élite, un ami de l'orateur si poliment reçu monta à la tribune et prit à tâche de déraisonner d'un bout à l'autre de son discours, de dire les choses les plus extravagantes, les plus détestables et les plus horribles. Il fut pendant tout le temps qu'il parla couvert d'un tonnerre d'applaudissements. Il avait voulu connaître les sentiments et se rendre un compte exact des idées du peuple civilisé de la grande cité, peuple étranger à la foi chrétienne et formé par les journaux, les romans et la philosophie de nos écrivains incrédules. Il se retira honteux et épouvanté du succès qu'il avait obtenu.

Non, un peuple chrétien, un peuple éclairé par l'Évangile, un peuple croyant, quoiqu'il ne sache ni lire ni écrire, ne descendra jamais à ce degré d'abaissement. Il peut ne pas briller par des connaissances littéraires et scientifiques, mais il aura dans l'intelligence une lumière qui lui découvrira l'erreur cachée sous de trompeuses apparences, le vice déguisé sous des dehors attrayants, dans son âme des pensées nobles et saintes, dans son cœur des sentiments purs et délicats, dans sa conscience une droiture qui s'effarouchera des moindres suggestions malsaines. Les premiers chrétiens n'étaient pas des savants, ils étaient l'opprobre d'une société élégante, et cependant l'empire n'eut jamais des citoyens plus fidèles, plus soumis et plus courageux. Ce qui fait un bon citoyen, ce n'est pas la science, c'est la vertu ; la science n'exclut pas la vertu sans doute, mais elle ne la donne pas, la religion seule possède ce trésor. On peut avoir beaucoup d'esprit, on peut même s'élever jusqu'au génie sans être vertueux, mais on n'est pas sincèrement catholique sans être en même temps un bon, un loyal, un irréprochable citoyen ; qu'on cherche dans cette multitude de conspirateurs, d'ennemis de l'ordre social, d'agitateurs insensés un catholique qui se confesse et communie, on ne l'y rencontrera jamais. Les savants n'y seront pas rares et les personnes qui ont reçu une certaine instruction y seront nombreuses.

Il faut en convenir, Dieu inflige de terribles châtiments à l'orgueil impie. Il changea Nabuchodonosor en bête, c'est le châtiment qu'il inflige au peuple français, le plus spirituel du monde. Il ne mange pas l'herbe des champs comme le roi de Babylone, mais il a perdu la raison et ne nourrit son esprit que d'inepties et d'idées absurdes. Il ne mange pas encore la chair humaine comme les sauvages, mais il assassine froidement et choisit pour victimes les défenseurs les plus vaillants de la patrie, les hommes les plus dignes d'estime et de reconnaissance, et ces meurtres ne sont pas le fait de quelques énergumènes, ils deviennent le fait de la foule par l'approbation donnée aux assassins. Les peuples qui n'ont pas eu la foi s'égarent, mais ils conservent encore quelques lueurs de raison comme l'antiquité nous le montre, les peuples qui ont foulé aux pieds le don de Dieu ne conservent que l'intelligence nécessaire pour devenir plus pervers. Ils ne comprennent que le mal et n'ont plus la notion du bien. O politiques, ô philosophes de l'incrédulité, voilà ce que vous avez fait de ce noble et généreux peuple de France ; rendez-le à la sainte Église par vos leçons et vos exemples et vous verrez bientôt un prodige que ne réaliseront jamais ni vos châtiments ni vos mesures législatives.

XII

LE PATRIOTISME

La patrie, c'est le lieu où l'homme est né, le pays où s'écoule son existence, c'est le territoire qu'habite la nation à laquelle il appartient. Que de souvenirs touchants ce mot nous rappelle ! Un père et une mère auxquels on doit le jour, leurs soins empressés, leur tendre amour, leur constante sollicitude ; des frères et des sœurs demeurant sous le même toit, s'asseyant à la même table et formant un cercle joyeux et reconnaissant autour de parents aimés de la même affection, environnés du même respect ; les tombeaux des ancêtres dans le cimetière de la paroisse; l'église où l'on a reçu le baptême, prié avec les siens, chanté les louanges de Dieu et fait sa première communion. Là, tous les lieux ont quelque chose qui attire, attache et repose agréablement l'âme lorsqu'elle rend présent par la pensée le temps qui n'est plus. Les collines, les vallées, les prairies, les bois, les chemins, les ruisseaux s'animent, parlent et disent au cœur les choses dont ils furent les témoins, les sentiments qu'ils inspirèrent. Il semble que le soleil et les astres de la patrie sont plus beaux, plus souriants que le soleil et les astres des autres régions.

Tous ces souvenirs attachent l'homme aux lieux qui l'ont vu naître. Ils ne s'en éloigne qu'avec peine, il y revient toujours avec plaisir. Il ne tient pas seulement à la terre natale, à la maison paternelle, au foyer des ancêtres, il tient encore à leur profession ; en succédant à leur travail, il croit les faire revivre. C'est le premier amour de la patrie, le premier acte de patriotisme.

Notre-Seigneur en a donné l'exemple. Il resta trente ans à Nazareth, il y exerça le métier de saint Joseph son père nourricier et prêcha d'abord l'Évangile à ses concitoyens. Ce furent les bords du lac de Genezareth qui, dès le commencement de son ministère public, entendirent sa voix, virent la plupart de ses miracles et reçurent ses plus nombreux bienfaits. L'amour du lieu de la naissance a pour fondement principal l'amour des parents et l'amour des parents est intimement uni à l'amour de Dieu. La religion inspire le respect pour le père et la mère de famille, elle ennoblit le cœur et le rend affectueux et reconnaissant, l'irréligion l'endurcit, le rend égoïste et ingrat. Aussi, l'amour des parents, l'amour du pays diminue-t-il avec l'amour de Dieu et disparaît-il avec lui. Il est donc naturel qu'à une époque où l'athéisme pratique a pénétré partout, les attachements qui occupaient une large place dans l'âme aient été remplacées par d'autres sentiments et que la passion du vagabondage ait succédé au goût autrefois si prononcé pour la vie sédentaire. L'homme dont les croyances ont fait naufrage méprise Dieu, méprise les ancêtres et leur condition, il n'aspire qu'à changer de position pour vivre dans les plaisirs. Il ne saurait fixer son séjour au milieu de sa famille et des amis de son enfance. Sa liberté y est gênée, son ambition y est à l'étroit, il faut qu'il coure le monde à la recherche de la fortune et du bonheur. Il vendra la maison où vécurent ses pères, où il fut élevé, les champs qu'ils cultivèrent, il vendrait ses aïeux s'il pouvait par ce moyen réaliser de l'argent et augmenter ses jouissances. Il ne tient à conserver ni l'héritage matériel qu'ils lui ont légué, ni l'héritage plus précieux de probité, d'honneur et de religion que les générations précédentes se sont pieusement transmis.

Mais la patrie, ce n'est pas seulement l'espace resserré où l'on a reçu le jour, avec lequel on s'est intimement identifié, c'est encore un territoire étendu qui porte un nom célèbre et antique, ce sont de nombreuses générations qui ont, chacune à son tour, rendu la nation plus puissante et plus glorieuse. La science, la valeur la religion, la vertu ont formé un trésor immense qui est le patrimoine commun, un soleil éclatant dans le ciel des peuples dont les rayons se réfléchissent sur tous les membres de l'association, à mesure que se développe la succession des siècles ; c'est une famille innombrable composée de toutes les familles particulières, une agglomération d'hommes qui portent le même nom, sont animés des mêmes sentiments, travaillent à la même œuvre de liberté, d'indépendance, de prospérité, aiment, chantent et glorifient la même chose en renonçant à l'intérêt individuel pour procurer le bien général. Qui pourrait ne pas aimer la patrie, cette mère dévouée, bienfaisante, immortelle, qui nous a donné la vie, nous a nourris, nous a élevés, nous a placés sous son égide et couronnés de sa gloire? Nous naissons dans ses bras, nous vivons sous son regard et quand la mort nous sépare d'elle, nous dormons dans son sein. Et surtout, qui pourrait ne pas aimer la France, la plus ancienne, la plus chevaleresque, la plus généreuse, la plus glorieuse des patries? Et quand on la voit, après une carrière longue et civilisatrice, meurtrie, couverte de blessures, accablée sous les coups de ses ennemis, comment ne pas sentir dans son cœur une douleur inexprimable, comment ne pas répandre des larmes abondantes? Doit-elle être moins aimée parce qu'elle est malheureuse, doit-on lui être moins dévoué parce que ses forces sont affaiblies et son manteau séculaire déchiré? Au contraire, son infortune inspire plus de courageuses sympathies, plus d'amour, plus de filial, plus d'invincible dévouement. Les enfants qui ne sont pas dénaturés ont pour leur mère un attachement d'autant plus profond et plus énergique que ses souffrances et ses peines sont plus graves et plus cuisantes. Honte à qui élargit ses plaies, quand il devrait les cicatriser, honte à qui augmente ses amertumes, quand il devrait la consoler, honte à qui enfonce des traits dans son cœur, quand il devrait mourir pour elle! O patrie! c'est l'impiété qui t'a avilie, découronnée et couverte d'outrages; la foi te respecte, la foi te vénère, la foi te défend, elle te rendra la santé, la force, la puissance et la gloire.

L'amour de la patrie, comme tous les amours purs et généreux, impose des obligations et réclame des sacrifices. C'est Dieu qui donne à la patrie sa poésie et son charme, sa vénérabilité et sa grandeur. Il est le créateur du sol où elle s'est assise, il est la Providence qui a veillé à sa destinée. Dans la prière de notre enfance, soit dans la maison paternelle, soit sous les voûtes de l'église paroissiale, nous avons imploré son secours, non-seulement pour la famille qui nous a légué son nom, mais encore pour la grande famille française. Dieu et patrie, voilà les mots qui ont été gravés dans nos cœurs et qui souvent sont sortis de nos lèvres. Retranchez Dieu de la patrie, elle perd sa majesté et son attrait, elle ressemble à la terre dépouillée pendant l'hiver de sa verdure et de sa beauté, à un ciel enveloppé de nuages qui ne sont traversés que par des rayons éteints, à un désert solitaire peuplé de reptiles et de bêtes sauvages. On n'y voyage plus en sûreté, on entend de tous côtés le bruit des ruines, et l'œil sonde avec inquiétude l'espace pour découvrir des embûches ou prévenir des ennemis cachés. La paix n'existe plus, la guerre est dans tous les cœurs, la crainte agite toutes les âmes, la défiance a remplacé la sécurité, la haine l'affection, l'improbité l'honneur, la dépravation les mœurs honnêtes, la confusion l'ordre et l'harmonie. Si la main de Dieu se retirait du monde céleste, le cahos serait immense, les ténèbres effroyables ; si son esprit ne gouverne plus les hommes, s'il est absent de la patrie, elle tombe aussitôt dans une affreuse anarchie, dans un désordre indescriptible.

Les anciens ne séparaient jamais Dieu de la patrie et, par le polythéisme, ils plaçaient un dieu protecteur à la tête de chaque État. En servant leur pays, ils servaient la divinité qui présidait à sa destinée, en mourant pour lui, ils offraient leur vie à cette divinité. Le catholicisme a supprimé l'erreur monstrueuse de la pluralité des dieux, mais il n'a point supprimé l'action de la Providence sur les empires. Chacun a, dans les vues providentielles, une mission, non-seulement une mission d'intérêts matériels mais encore une mission d'un ordre plus relevé, un rôle d'influence et de grandeur à jouer dans le monde. En contribuant pour sa part à l'accomplissement de cette mission, chaque citoyen est non-seulement l'instrument du gouvernement de son pays, mais encore un instrument de la Providence divine.

Le paganisme, qui avait le tort de multiplier les dieux, avait aussi le tort d'exagérer le patriotisme. Il ne voyait des hommes que dans les citoyens libres du même État, il considérait comme hors de l'humanité les étrangers et les esclaves, c'était l'égoïsme du sol et des castes. En déclarant aux hommes qu'ils étaient tous frères, le catholicisme a voulu qu'à quelques pays qu'ils appartinssent, ils se traitassent toujours avec charité et justice. Il a conservé dans le cœur du chrétien l'amour de la patrie, il a purifié ce noble sentiment, en le dépouillant de tout ce qu'il avait d'atroce et de farouche, et l'a restreint dans les limites d'une juste défense et d'une compensation équitable des dommages éprouvés. Il a proscrit l'oppression du vaincu et protégé sa vie, sa liberté et ses biens contre la rapacité, l'ambition et la cruauté du vainqueur. Si sa morale était suivie, la guerre n'éclaterait jamais, mais comme malgré ses efforts il n'a pas pu supprimer le vice, il a dû régler dans sa marche et dans ses effets un fléau qu'il lui était impossible d'empêcher. Il l'a rendu plus rare, moins barbare et moins désastreux, mais en même temps que les nations s'éloignent de lui, elles reviennent au excès et aux injustices du paganisme, à ce terrible axiome de la force brutale triomphante : *Væ victis*.

La mission de la patrie a un double objet : l'intérêt moral et matériel de la société, le rôle qui lui est échu dans le mouvement général des peuples. Comment cette mission sera-t-elle réalisée? par le sacrifice. Par le sacrifice de la volonté particulière, en se soumettant aux lois, et par le sacrifice de la vie si les circonstances le demandent.

La première obligation d'un citoyen qui aime sa patrie est de respecter le gouvernement et d'obéir aux lois. Le gouvernement veille au bien-être et au bon ordre de la société ; si les lois sont exécutés, l'ordre se maintient, la liberté est garantie, la prospérité de l'État est assurée, si les lois sont violées, l'ordre disparaît et tous les intérêts sont compromis. L'athée, qui nie Dieu ou agit comme s'il n'existait pas, remplira-t-il ce premier devoir d'un bon citoyen ? oui, si c'est son intérêt, si la force l'y contraint, autrement il méprisera les lois et le législateur. Il est indépendant de Dieu et du gouvernement, il ne reconnaît qu'une souveraineté, la sienne, qu'un motif de s'abstenir ou de faire, son avantage, la satisfaction de ses passions. Il n'appartient pas à la patrie, il s'appartient à lui-même. Il n'aime ni son pays, ni ses concitoyens ; il aime le pays où il peut trouver le plus de jouissances, passer la vie la plus agréable, il aime les hommes qui ont les mêmes instincts, les mêmes passions à satisfaire. Il forme avec eux des sociétés particulières, sociétés de conspirateurs qui préparent dans les ténèbres la révolte, le vol et l'assassinat. Que la patrie souffre des agitations incessantes que causent ses coupables machinations, qu'elle voie son commerce languissant, son industrie arrêtée, la fortune publique sur le penchant de la ruine, il ne s'en inquiète pas ; c'est un fils ingrat, sans cœur, qui n'est pas affligé des douleurs de sa mère. Périssent ses concitoyens, périsse le pays, pourvu qu'il arrive au but criminel qu'il s'est proposé ! C'est l'athéisme qui a constitué les associations menaçantes qui enveloppent de leur réseau l'Europe toute entière, associations cosmopolites qui n'ont pas d'autre patrie que la conspiration, d'autre amour que la satisfaction de leurs coupables et sauvages convoitises.

Nous avons sous les yeux les tristes effets des funestes doctrines qui ont tari dans les âmes les plus nobles sentiments et surtout l'amour de la patrie. La paix venait d'être conclue à de dures conditions, la France, réduite à un état d'abaissement, où jamais, dans le passé, elle n'était descendue, était obligé de céder une partie de son territoire à un implacable vainqueur et de lui payer une énorme contribution de guerre. L'Assemblée nationale, le cœur navré, avait signé les préliminaires d'un traité humiliant et se mettait à l'œuvre avec un patriotique dévoûment pour trouver les sommes qui devaient éloigner l'ennemi du sol ravagé, pour réorganiser le pays, donner l'impulsion au travail, ramener le calme après la tempête et faire fleurir de nouveau le commerce et l'industrie trop longtemps paralysés. Les Prussiens étaient encore dans les forts de Paris ; leurs légions insolentes occupaient une immense étendue de notre territoire ; c'est alors que les patriotes parisiens érigent le drapeau rouge, refusent de reconnaitre le gouvernement de l'Assemblée, fusillent de vaillants généraux, constituent la Commune et commencent la guerre civile. La France, pendant la lutte qu'elle avait soutenue, avait excité, malgré ses revers, l'admiration et la sympathie de l'Europe ; vaincue, elle était restée grande ; il fallait qu'elle offrît aux autres nations un spectacle de démence pour provoquer leur risée et devenir un objet de stupeur et de mépris. Les Prussiens, du haut des forts, jetaient sur la capitale de la civilisation des regards d'un inexprimable dédain, ils haussaient les épaules et branlaient la tête. Jamais la France ne fut regardée avec un tel sourire. Ils attendaient le moment où il leur serait permis d'entrer dans l'illustre cité, non pas pour faire usage de leurs armes, mais pour faire usage de leurs bottes et rétablir l'ordre en foulant aux pieds la tourbe ignoble qui avait osé prendre des armes fratricides, dans une si lamentable et si solennelle circonstance. Cette population civilisée, instruite, spirituelle, élégante, a montré à la France, au monde, la mesure de son patriotisme ; elle se plaignait de l'Assemblée qui n'avait pas voulu se mettre entre ses mains, elle lui reprochait de la décapitaliser, elle s'est décapitalisée elle-même, et quoique par la force des choses elle doive encore être le siége du gouvernement, elle ne sera pas la ville des nobles sentiments, la ville du patriotisme ; elle ne sera que la capitale de l'irréligion, de l'immoralité et de la décadence, la Rome décrépite des Césars. Après avoir corrompu la France, elle la déshonore.

Les catholiques savent que l'autorité humaine vient de Dieu, qu'ils doivent la vénérer et qu'ils sont tous tenus en conscience de lui obéir. La révolte ne leur est pas permise et les menées ténébreuses leur sont interdites. Agir au grand jour, avec loyauté et droiture est leur devoir ; s'ils ont à se plaindre, ce n'est pas à la force brutale qu'ils doivent avoir recours, mais aux dépositaires du pouvoir, aux moyens légaux qui, dans un pays libre, sont toujours à la disposition des citoyens. Il vaut mieux, du reste, être pendant quelque temps victime de l'injustice, que de troubler la société et de répandre le sang des hommes qui sont nés et vivent dans le même État. On est toujours sûr d'être innocent quand on supporte l'injustice, on est très-exposé à être coupable quand on se laisse emporter par la colère et la soif de la vengeance, et le catholique craint avant tout d'offenser Dieu et d'être criminel. Il y a plus de noblesse de caractère, plus de dignité à lutter ouvertement par les représentations, les réclamations, l'expression exacte des torts de l'administration, en exposant fidèlement les griefs qu'on lui reproche et les moyens de supprimer les abus, d'introduire des améliorations, qu'à conspirer dans l'obscurité de la nuit, à tramer des complots secrets et à pousser devant soi une multitude aveugle, en se cachant derrière elle et en s'échappant en cas d'insuccès. Il est du reste difficile qu'un accord fondé sur le droit et la raison ne triomphe pas plus facilement du mauvais vouloir, s'il existe, de ceux qui gouvernent, que la violence et l'insurrection.

Le sacrifice le plus considérable que la patrie impose quelquefois au citoyen, c'est le sacrifice de la vie, preuve suprême d'un généreux amour. Le soldat qui, avant d'être appelé sous les drapeaux, ne croit pas en Dieu ou n'a que la croyance vague du déiste, qui ne prescrit rien et n'oblige à rien, ne se soumet aux lois qu'avec peine et ne se fait aucun scrupule de les enfreindre. Il est par là même peu disposé à subir le joug d'une discipline sévère et à respecter ses chefs, lui qui méprisait et insultait ses parents. Il portera dans les camps l'esprit d'insubordination qu'il avait au foyer domestique. La demi-science qu'il possède, s'il a fréquenté l'école de la commune, au lieu de le rendre plus souple, le rendra présomptueux et raisonneur. Il prétendra juger de l'opportunité et de la valeur des ordres qu'il reçoit et ses chefs n'échapperont à ses appréciations et à ses critiques ni dans les casernes, ni sur le champ de bataille. Il décidera du mérite des généraux, il blâmera les positions occupées, les mouvements des troupes, la manière dont l'attaque est dirigée, et si l'on ne se conforme pas à ses plans et à ses idées, il accusera de trahison les chefs les plus honorables et les plus habiles et répandra autour de lui la défiance et le découragement. Sur le champ de bataille, il se posera cette question : « A quoi bon m'exposer à recevoir des blessures ou à perdre la vie ? A quoi bon mourir pour les autres à la fleur de l'âge et me priver des plaisirs que l'avenir me réserve, quand l'avenir commence à s'ouvrir devant moi, m'immoler pour des gens qui ne me connaissent point et ne me connaîtront jamais, n'est-ce pas une folie? » Avec ce raisonnement si naturel à un matérialiste, à un athée, quelle sera sa bravoure devant l'ennemi ? Je défie un incrédule de donner à cette question une réponse satisfaisante. Je le défie par conséquent de procurer la sécurité de son pays, d'y maintenir l'ordre et de chasser de la frontière un injuste agresseur. Cette réponse n'a pas été donnée à la jeunesse qui composait naguère nos armées et nous avons vu, par une douloureuse et triste expérience, combien elles différaient de nos religieuses, robustes et vaillantes légions des temps passées [1]. Sans doute il y a dans l'armée des traditions militaires qui peuvent pendant quelque temps se conserver, mais si elles ne sont pas soutenues par des croyances, elles s'affaiblissent et disparaissent. L'esprit d'insubordination s'introduit ; la discipline n'est pas observée et la valeur s'en va avec elle. L'espoir d'obtenir un grade supérieur peut exciter l'émulation des officiers, mais pour le simple soldat, c'est un espoir trop vague et trop incertain.

Le soldat chrétien, habitué à l'obéissance dès son jeune âge, formé au respect de Dieu et de l'autorité, quelle qu'elle soit, se plie sans effort aux nouveaux devoirs qui lui sont imposés. Sa conscience n'admet qu'un seul raisonnement : « Dieu te fait une rigoureuse obligation d'exécuter les ordres de ceux qui commandent, et tu dois les exécuter jusqu'à la mort, si la défense de la patrie l'exige. Ta récompense, c'est la patrie éternelle. » Animé par ce sentiment, fortifié par cette espérance, il marche résolument au combat, il lutte avec une indomptable valeur, et si la mort le frappe, il baise la croix, comme Bayard, et expire en regardant le ciel. Il avait

[1] Beaucoup de personnes croient que les soldats de la première République et du premier empire, étaient des hommes sans religion, c'est une erreur. La France était restée catholique et les jeunes-gens étaient pieusement élevés dans leurs familles. La plupart de ces braves militaires faisaient une courte prière le matin et le soir et se recommandaient à Dieu sur le champ de bataille. De retour dans leur pays ils ont vécu et sont morts en chrétiens.

dans le cœur deux nobles amours : l'amour de la patrie de ce monde passager et l'amour de la patrie du monde à venir. En quittant la première, il arrive à la seconde, but de ses désirs et de son ambition.

Dans ce temps où les sociétés secrètes, où les adeptes de l'impiété ont formé contre l'Église une ligue redoutable, ont ourdi une furieuse conspiration, on a eu recours à un procédé depuis longtemps connu parmi les ennemis du Christ, à de perfides insinuations, à d'odieuses et lâches calomnies : on a accusé les catholiques de manquer de patriotisme et le clergé de trahir la France et d'appeler l'étranger sur son territoire. Eh quoi! l'Église existe-t-elle d'aujourd'hui? N'a-t-elle pas dix-huit siècles derrière elle? A quelle époque, dans cette longue suite d'années, a-t-elle été indifférente aux intérêts de la patrie? A quelle époque les a-t-elle abandonnés ou livrés aux ennemis? A quelle époque a-t-elle manqué d'affection, de zèle ou de dévouement? Les prêtres et les chrétiens furent fidèles aux Césars qui les persécutaient, et les soldats qui avaient reçu le baptême ne montrèrent pas moins d'héroïsme dans la guerre que les adorateurs des faux dieux. Ne sont-ce pas les évêques qui ont formé ce grand pays, comme les abeilles forment leur ruche, pour me servir des expressions d'un historien protestant, et ne se sont-ils pas consacrés à sa prospérité et à sa gloire avec une ardeur qui ne s'est jamais lassée? Leur concours loyal et patriotique ne fit jamais défaut aux rois de la vieille monarchie ; ils s'empressèrent toujours de les aider de leurs conseils, de leur autorité et de leurs ressources. L'Église a eu l'honneur de fournir à la France les plus illustres hommes d'État. Ne lui a-t-elle pas sans cesse préparé de vaillants soldats et d'habiles généraux ? D'où étaient sortis les fiers combattants qui défendirent la patrie avec tant d'abnégation et de bravoure, qui non-seulement protégèrent son sol contre la domination des voisins, mais encore l'étendirent jusqu'au-delà des mers ? D'où étaient sortis ces robustes et invincibles chevaliers dont les noms sont immortels, si ce n'est du giron de l'Église ? Qui, dans le passé, a contribué plus qu'elle à la force, à la puissance, à l'élévation de la patrie ? Elle est une mère qui nourrit des enfants vigoureux et énergiques. Ils tiennent d'elle tout ce qu'il faut pour être d'indomptables soldats : les mœurs qui maintiennent et fortifient la santé, la foi qui inspire les généreux sentiments et la bonne conscience qui brave la mort sans crainte. Depuis qu'elle a moins d'action sur les âmes, ont-elles plus de fermeté, plus d'élévation, plus de patriotisme ? Cette antique nation a-t-elle reculé ses limites, accru sa puissance ? Les événements contemporains répondent d'une manière accablante à ces calomniateurs aussi méprisables qu'ils sont perfides.

Et encore de nos jours, les vrais catholiques, et parmi eux la noblesse française, n'ont-ils pas paru aux premiers rangs ? N'ont-ils pas versé leur sang avec un admirable oubli d'eux-mêmes, de leurs femmes et de leurs enfants ? Est-ce parmi eux que l'on a vu les fuyards, les indisciplinés et les lâches ? Les prêtres les ont accompagnés au milieu de la mêlée pour les bénir et relever les blessés. Les Sœurs, les Frères, les Religieux des différentes congrégations, ont multiplié dans les ambulances les soins de la charité la plus empressée et la plus infatigable. Quels ont été les cœurs les plus douloureusement déchirés par nos malheurs? à coup sûr les cœurs des évêques, des prêtres et des catholiques. D'où se sont élevés vers le ciel les prières, les supplications, les vœux? du sein des églises et des maisons chrétiennes. Lisez les mandements qu'ont publiés les évêques et voyez s'il y a eu quelque part des accents de douleur plus éloquents, des larmes plus sincères et plus abondantes.

Que faisaient cependant les ennemis de la religion du Christ? Ils blasphémaient, ils mentaient, ils menaçaient les gens honnêtes, dévastaient les maisons religieuses et s'attribuaient des emplois qui leur permettaient de s'enrichir aux dépens de la patrie et de se soustraire aux fatigues et aux dangers de la guerre.

XIII

LA CIVILISATION DANS LE CATHOLICISME

La civilisation : c'est un mot sonore qui retentit à toutes les oreilles, qui passionne les peuples modernes, c'est un mot indéterminé dont il faut fixer le sens. Développer l'homme, développer ses facultés, agrandir son empire sur la terre, rendre en un mot l'homme plus puissant, plus intelligent, plus religieux, plus vertueux, c'est vraiment le civiliser. Il y a deux espèces de civilisation : la civilisation matérielle et la civilisation morale. La première est très-inférieure à la seconde, mais elle a son importance, peut marcher avec elle et ne doit point être négligée. Que l'homme, qui est le roi de la création, prenne sur la matière un légitime empire, qu'il triomphe d'elle et la fasse servir à ses besoins et à son agrément, c'est son droit et c'est un progrès, à condition cependant qu'elle ne sera pas l'unique objet de ses préoccupations. Un peuple peut arriver à un degré prodigieux de civilisation matérielle, et n'être qu'un peuple corrompu, égoïste et cruel. Au lieu d'élever ses sentiments, cette civilisation l'avilira, au lieu de le rendre meilleur, elle lui fournira plus de facilité pour se corrompre et se dégrader. Ce peuple, amolli dans les plaisirs, manquera d'énergie et de fermeté ; par une contradiction singulière, il sera le plus difficile à gouverner et le plus facile à asservir, il tiendra plus de l'animal emporté par les instincts sauvages de la nature, que de l'homme conduit par les lumières de la raison. Il sera intelligent et insensé, fier et rampant, plus avide de plaisirs que de dignité ; comme l'aliéné, il aura des éclairs de bon sens et commettra le plus souvent des actes de folie. Ce sont là les effets inévitables de la civilisation matérielle, séparée de la civilisation morale. Le peuple romain en a été un mémorable exemple. Il n'avait jamais eu autant de superbes monuments, de belles statues, plus de plaisirs, plus de luxe et de politesse que lorsqu'il s'effondra dans la boue et dans le sang. L'époque de la plus grande civilisation matérielle d'un peuple est toujours l'époque de sa décadence, parce que les jouissances sensuelles énervent l'homme et parce que l'affaiblissement des croyances le rabaisse et l'animalise. Il est nécessaire, pour qu'une nation échappe à une inévitable déchéance, que la civilisation morale ne soit pas dominée par la civilisation matérielle.

Le progrès des sciences et des lettres accompagne ordinairement la civilisation matérielle, il n'en est pas de même du progrès de la religion et des bonnes mœurs. La science est bonne en elle-même, elle développe et élève l'intelligence ; les lettres exercent un puissant empire sur le cœur et l'imagination, mais il faut que les sciences soient dans le vrai et que les lettres éveillent de nobles et généreuses idées. La science fausse, menteuse, la littérature impie et immorale produisent d'immenses ravages dans la société et préparent infailliblement sa ruine. L'homme éclairé par la science fausse et dépravé par la mauvaise littérature a plus d'habileté et plus d'astuce pour se pervertir et pervertir les autres, il concourt au désastre commun en raison de son talent et de sa fortune. Cette civilisation développe l'intelligence en l'appliquant aux sciences techniques, l'esprit par le goût du faux ; elle demande aux arts, à l'industrie, au commerce les moyens de multiplier les plaisirs, de donner plus d'attraits et de saveur à la volupté, en un mot tout ce qui irrite et assouvit les passions sensuelles Elle amollit les âmes, elle flétrit les cœurs, abaisse les caractères et réagit d'une manière funeste jusque sur les forces et la santé du corps ; tout s'étiole, tout s'avilit, tout se corrompt, sous l'influence délétère de cette peste d'autant plus redoutable qu'elle plaît, qu'elle attire, qu'elle endort l'homme en faisant à son âme et à son corps des blessures mortelles.

L'humanité, telle est la loi de la divine Providence, ne peut atteindre une civilisation forte et durable, une véritable civilisation, qu'à la condition d'élever l'édifice sur un fondement solide, la religion. Sans le fondement, l'édifice, quelque beau qu'il paraisse dans ses proportions, quelque majestueux qu'il soit dans son ensemble, s'écroulera et couvrira le sol de la patrie de ruines immenses. Ces ruines seront là pour attester aux générations futures que sans Dieu les sociétés se dissolvent et s'anéantissent, comme le monde matériel tomberait sans sa puissance dans une épouvantable confusion. La grande civilisation, la civilisation avec l'ordre, avec la beauté, avec une marche toujours ascendante, c'est le développement de la vérité religieuse et de la vertu au milieu des peuples. Elle n'est opposée à aucun progrès, elle les favorise tous, elle est l'indispensable condition d'un mouvement uniforme et continuel vers la perfection sociale. Le culte qui est dû à Dieu lui est-il rendu avec exactitude par les individus et la nation? Les croyances sont-elles affermies et resplendissantes dans les âmes? Les devoirs déterminés par la loi divine et la loi civile sont-ils ponctuellement remplis, toutes les intelligences sont-elles unies par la même foi, toutes les volontés sont-elles courbée sous la pratique de la vertu? La civilisation existe dans ce qu'elle a de plus important, le fondement est posé, on peut construire au-dessus la civilisation scientifique, littéraire et matérielle, avec sûreté, avec l'espérance que les générations à venir pourront ajouter à la construction primitive sans craindre de l'élever trop haut et de la voir tomber sous le poids de sa masse. Plus la foi sera vive, plus la conduite sera sainte, plus la civilisation sera éclatante, plus elle assurera la paix, la force, l'honneur, la gloire des peuples. L'idéal du beau, du bien, du vrai est réalisé dans les institutions, dans les lois, dans les arts, dans les lettres, dans les âmes, dans la société entière. Voilà la véritable civilisation à laquelle Dieu préside comme il préside à l'ordre admirable du ciel et de la terre. Ne voir dans l'homme qu'un animal périssable et ne songer à développer en lui que ses instincts, ses appétits, qu'à multiplier les jouissances des yeux, des oreilles et des autres sens, sans le rapporter à son immortelle et glorieuse destinée, c'est méconnaître sa nature, c'est méconnaitre la loi qui le domine, c'est le précipiter du trône où le Créateur l'a placé dans un abîme de misère et de honte. Quelle est, de toutes les religions qui ont paru sur la terre, celle qui connaît le mieux l'homme, ses aspirations ? Quelle est celle qui, par ses dogmes, sa morale, sa forte discipline, peut doner à la grande, à la véritable civilisation dont nous venons de parler, l'impulsion la plus énergique et la plus constante ? N'est-ce pas la religion catholique ? Quelle beauté, quelle sublimité, quel ensemble dans sa doctrine ! Tout se tient, tout s'enchaine, tout est d'une inébranlable fermeté. Niez un dogme, tout s'écroule ; admettez un dogme, vous êtes obligé, si vous êtes conséquent, d'admettre la suite des autres. L'esprit humain, à l'abri du doute qui l'use et le désespère, de l'amertume qui l'assombrit et l'accable, marche, éclairé par une vive lumière, sur une route largement tracée ; il voit le but et s'encourage à mesure qu'il en approche. Sur ce dogme si solidement établi, si étroitement lié, se fonde la morale la plus pure, la plus sainte, la plus sociale, la plus humaine et en même temps la plus divine. Afin d'assurer davantage la croyance et la pratique des devoirs, la discipline, mobile selon les besoins des temps, établit des règles toujours appropriées aux circonstances et aux progrès de l'époque.

De bonne foi, quel sera l'homme le plus civilisé, de celui qui croit qu'il y a un Dieu, un Rédempteur, que ce Dieu récompense éternellement par la vue de lui-même les observateurs fidèles de sa loi et éloigne éternellement d'une divine contemplation les prévaricateurs volontaires, ou de celui qui n'a point de croyances arrêtées sur Dieu, sur sa justice, sur les devoirs, sur le but de la vie ; de celui, qui est obligé de confesser ses fautes pour en recevoir l'absolution, avec la résolution sérieuse de ne plus les commettre, de les expier par la pénitence et de réparer ses injustices, qui doit, avec une conscience purifiée, s'approcher au moins une fois l'an de la sainte table, ou de celui qui ne jette jamais un regard sur sa conscience et détourne l'oreille quand elle parle ; de celui qui combat sans cesse ses passions ou de celui qui pense qu'elles ont dans la nature des racines si profondes qu'elles exigent de constantes concessions ; de celui qui n'envisage jamais que le devoir ou de celui qui ne se préoccupe que de l'intérêt et du plaisir ; de celui qui est convaincu que sa mission ici-bas est de reproduire autant qu'il le peut les sentiments et la conduite de Jésus-Christ, ou de celui qui blasphème ce divin modèle et n'a d'autre mobile que son orgueil, son ambition, sa cupidité et la satisfaction de ses sens? Pourquoi donc cette religion du Christ, si pure, si sainte, si bien faite, pour soutenir, consoler, élever l'humanité, pour établir sur la terre la paix des âmes, des consciences, des sociétés, est-elle l'objet d'une haine farouche, implacable, qui la défigure pour la persécuter? C'est un mystère qui n'a pas d'explication naturelle. Les anciens avaient des religions absurdes, abominables. Les hommes supérieurs n'y croyaient pas, et cependant ils les respectaient, il ne les insultaient point, ils ne cherchaient pas à désabuser les peuples. Les Pères de l'Église ont été les premiers qui aient osé attaquer Jupiter, Vénus, Mercure, et montrer l'absurdité du culte qu'on leur rendait, prouver qu'ils n'étaient pas dieux, et que le démon était l'auteur d'une religion déraisonnable et déshonorante pour la divinité. Le génie du mal qui, dans ses machinations et ses affreux projets, ne se propose que la dégradation et la perte de l'homme, avait intérêt à maintenir son œuvre. Il se gardait bien d'inspirer la guerre contre une religion qui éloignait les hommes de Dieu, qui les nourrissaient de fables immorales et ouvrait la porte à tous les vices. Il n'en est plus ainsi aujourd'hui, il hait la religion qui rend à Dieu sa place et à l'homme la sienne, qui proclame entre le Créateur et sa créature intelligente de merveilleuses relations, éclaire les esprits de divines clartés, remplit le cœur de sentiments chastes, de nobles pensées, sanctifie l'individu, la famille, la société, conduit le chrétien à une destinée qui surpasse toutes les espérances, à la possession d'une gloire infinie. Satan, qui laissait tranquilles les prêtres des idoles et leurs adorateurs, a juré de ne jamais laisser l'Église jouir de la paix et de la liberté. Il a lutté contre elle dès l'origine par la cruauté des empereurs, par la haine astucieuse et violente des philosophes, par l'orgueil et les subtilités de l'hérésie. Cette lutte, il la continue en variant, selon les siècles, les moyens et les formes de la guerre. Qu'ils le veulent ou non, les ennemis du catholicisme sont les séides de l'esprit des ténèbres. Livrés à eux-mêmes, à leurs propres inspirations, ils ne montreraient pas cette rage, cette audace dans le mensonge, cette étonnante perspicacité dans le choix des armes et dans l'emploi qu'ils en font. L'homme tout seul n'est pas assez pervers pour avoir en horreur une religion si vénérable par son antiquité, par les hommes éminents qu'elle a produits, si sainte dans sa doctrine et sa morale, pour poursuivre avec un acharnement qui tient de la fureur toutes les belles et grandes institutions catholiques. Ce degré de méchanceté, d'impie illusion, dépasse la nature humaine. Il faut à l'homme un ange déchu, un esprit infernal, pour le pousser à de tels excès de colère et d'outrages, pour lui faire jurer la destruction du catholicisme, pour l'aveugler et le convaincre que plus la société s'éloignera de lui, plus elle sera civilisée et que le cahos de la libre-pensée, de l'athéisme et de la morale indépendante produira le suprême bonheur des peuples et la plénitude de la civilisation.

La conjuration qui s'est formée en Europe surtout, conjuration formidable par le nombre des adeptes, n'est pas une œuvre purement humaine. Elle agit sous une action commune, vaste, simultanée, persévérante, parce qu'elle est dirigée par un chef commun, Satan. Les conjurés ne croient pas à son existence, ils n'en sont pas moins ses instruments dociles. Il se rit d'eux, en les voyant si soumis à ses volontés, si prompts à exécuter ses plans, tandis qu'avec une naïveté niaise ils pensent être indépendants. Ils se trompent, la nature humaine déchue n'est pas viciée jusqu'à ce point, elle peut succomber au mal, mais elle ne l'aime pas, elle peut s'égarer, mais elle ne se plaît pas dans l'erreur, elle peut regretter de n'être pas sainte, mais elle ne hait pas la sainteté, elle peut être égoïste, mais elle n'est pas injuste sans motif, atroce sans intérêt, en un mot elle n'est pas diabolique. Le mot du mystère de la guerre faite au Christ et à la civilisation par le Christ, c'est Satan, autrement le mystère est inexplicable.

XIV

DES AMES

La prééminence de l'homme sur tous les animaux du globe est un fait incontestable. Elle n'est point due à l'organisation de son corps ; si l'homme l'emporte sur eux par la beauté, la proportion des formes, il leur est inférieur sous des rapports importants. Les uns sont plus agiles que lui, les autres ont l'ouïe plus fine, les autres ont une vue plus perçante, beaucoup lui sont supérieurs par la force, par les armes naturelles dont ils sont pourvus. Tous ont reçu de la nature les vêtements dont ils ont besoin, des abris où ils se réfugient et la nourriture qui les alimente. Matériellement, l'homme est l'animal le plus déshérité ; il ne doit pas sa supériorité à son corps, il la doit à son intelligence, à son âme. Cette âme, créée à l'image de Dieu, a la puissance de connaître et d'aimer. Par son intelligence, l'homme supplée à ce que la nature lui a refusé, par elle il exerce sur toute la création un merveilleux empire, il l'asservit à ses besoins et à son agrément. Les inventions si remarquables des temps modernes auraient dû manifester avec plus d'éclat l'âme et ses puissantes facultés, révéler sa nature spirituelle et presque divine. Mais l'impiété, aveugle au lieu d'éclairer, a augmenté les ténèbres et multiplié les systèmes absurdes en raison précisément du développement de la science. Elle a supprimé la majesté de Dieu et par là même la majesté de l'âme. La raison de cette suppression est singulière. On a trouvé dans la nature des forces que l'on ne connaissait pas, la vapeur, l'électricité, et on a cru que c'étaient des forces inintelligentes et fatales qui constituaient la divinité ! On a vu Dieu dans la puissance qu'il mettait à la disposition de l'homme. On est revenu aux vieilles erreurs des païens, qui, frappés du mouvement des cieux, du cours des eaux, de la végétation des plantes, de l'agitation de l'air, de la reproduction des animaux par la génération, avaient placé dans cet ensemble d'effets l'essence même de la divinité. Ils avaient pris les causes secondes pour la cause première, les lois pour le législateur. L'intelligence, quand elle est aveuglée par les passions sensuelles, se matérialise en quelque sorte, ne découvre rien au-delà des phénomènes, ne s'élève pas au-dessus des faits sensibles et ne peut pas atteindre le monde spirituel et Dieu qui en est le centre. L'homme sent et ne comprend pas; il est animalisé. Voilà la raison du matérialisme moderne au milieu des plus belles et des plus étonnantes inventions. On n'a point vu en elles la puissance de Dieu créateur des forces, ni la puissance de l'âme qui les découvrait et qui en faisait de si belles applications ; elles n'ont point eu le résultat vraiment scientifique qu'on devait en attendre, elles n'ont eu qu'un résultat d'un ordre inférieur : rendre la vie plus agréable, multiplier les jouissances, elles ont abaissé l'homme au lieu de l'élever. On s'est mis à goûter les plaisirs avec plus d'ardeur. On a oublié Dieu, on a oublié l'âme ou plutôt on les a confondus avec les forces de la nature. Dieu et le monde, l'âme et le corps n'ont été qu'un seul et même être, un être universel renfermant tout en lui-même et étant renfermé dans tout ce qui existe. En réalité on n'a vu que des corps, parce que les corps tombent sous les sens et que les esprits leur échappent. La civilisation moderne ne s'est pas occupé des âmes auxquelles elle ne croyait pas, elle ne s'est occupé que de la matière. Donner au corps humain de la force, lui assurer un développement complet, une santé florissante, lui ménager des plaisirs pour les yeux, pour les oreilles, pour le goût, pour le toucher. voilà quel a été son but suprême. Elle s'est persuadé que, lorsque l'homme connaissait l'arithmétique, la littérature, la physique, et que, par ces connaissances, il pouvait réaliser plus de fortune, plus de bien-être, il avait atteint sa destinée définitive.

Elle a donc méconnu l'homme tel que Dieu l'a créé. Il n'a pas seulement faim de pain, il a faim surtout de la parole de Dieu, c'est à dire de la vérité. Il attache à l'idée du vrai une autre idée que celle de la matière. Quand il dit : je pense, il n'entend pas désigner son cerveau, quand il dit : j'agis, il n'entend pas désigner les membres du corps, quand il dit : j'aime, il n'a point en vue un organe physique. Le MOI pour lui est un être qui n'a aucune des qualités du corps, qui en est entièrement distinct et auquel le corps sert d'instrument : voilà la conscience du genre humain, voilà le sens commun en contradiction comme toujours avec la philosophie incrédule. De même qu'il a la conviction de l'immatérialité de son âme, l'homme a le sentiment de son immortalité. Il a soif de l'infini, et l'infini n'est ni sur la terre, ni dans la matière dont elle est composée. Il y a en lui le besoin de quelque chose qui ne se voit pas et ne se touche pas ; en vain on essayerait de satisfaire ses aspirations par la fortune, par les honneurs, par les plaisirs, jamais on arriverait à assouvir des désirs sans mesure. Alexandre, après avoir conquis la terre, s'y trouvait à l'étroit ; le mortel le plus ignorant est un Alexandre ; la terre entière en sa possession ne pourrait remplir son cœur qui est, comme le dit si bien saint Augustin, sans repos à moins qu'il ne se repose en Dieu. Le grand tort de tant de faux systèmes de philosophie, c'est de méconnaître la grandeur de l'homme, c'est de supposer qu'avec des illusions on le rassasiera et que ses regards s'arrêteront à l'horizon resserré de ce monde. On peut sans doute jusqu'à certain point l'entraîner dans cette erreur, mais à mesure qu'il regarde, il trouve que l'objet qu'il cherche est absent et il franchit par un instinct plus fort que lui les espaces sans limites qui s'étendent au-delà du monde visible.

La religion catholique seule a une idée exacte de l'âme, de sa nature et de ses besoins, elle seule connaît sa grandeur, la noblesse de ses appétits, elle seule lui donne le calme et la fait jouir de la paix; elle sait qu'elle est spirituelle, immortelle, créée à l'image de Dieu et qu'elle ne peut avoir ici-bas de bonheur, que par la foi qui lui révèle la vérité, par l'espérance qui la soutient dans le présent et lui ouvre un immense avenir et par la charité qui l'unit aux autres âmes et à Dieu, bien suprême. Elle avertit l'homme qu'il ne trouvera la sérénité et la joie qu'en triomphant de ses penchants mauvais, en n'accordant aux passions du corps que ce qui est nécessaire et légitime, en accomplissant tous ses devoirs et n'oubliant jamais la destinée sublime qui lui est réservée après le court trajet de la vie. Elle consacre à l'éclairer, à le purifier, à le sanctifier, son infatigable dévouement. Aucun sacrifice ne lui coûte, aucune difficulté ne l'arrête ; de vastes espaces à parcourir, des mers immenses à traverser, des persécutions à subir ne sont pas des obstacles capables de l'effrayer et de refroidir son zèle. Continuant l'œuvre courageuse des apôtres, elle envoie dans toutes les parties du monde des missionnaires assez généreux pour renoncer à leurs familles et à leur patrie, assez magnanimes pour ne craindre ni les fatigues ni la mort. Ils vont au milieu de populations barbares, ils apprennent leur langue, ils se dévouent à elles le jour et la nuit, dans le but unique de conquérir des âmes et de leur ouvrir les portes du salut. Elle a, pour poursuivre cette périlleuse entreprise, des ordres religieux qui n'ont point en vue, comme le supposent d'injustes ennemis, une ambition vulgaire, mais l'ambition apostolique d'augmenter le nombre des fidèles, de sauver un nombre plus considérable d'âmes, de leur assurer le bonheur éternel. Telle n'est pas l'ambition des hérétiques ; s'ils cherchent à multiplier leurs adhérents, c'est par un motif tout humain d'intérêt ou pour la satisfaction d'un vain et coupable orgueil. S'ils aimaient les âmes, ils chercheraient, avant de prêcher, à s'assurer de la vérité, et ne répandraient pas avec une incertitude dont ils ne peuvent sortir les doctrines les plus suspectes. Il leur est impossible d'arriver à une véritable conviction, par ce que leurs frères dans l'hérésie ont un enseignement tout opposé au leur sur les points les plus importants, et parce qu'ils ne sont pas toujours d'accord avec eux-mêmes. Ils n'ont au fond qu'un sentiment commun, la haine de l'Église catholique ; mais n'avoir qu'un dogme de haine et être sur toutes les questions fondamentales sans certitude, flotter d'une secte, à l'autre et cependant enseigner sans cesse est-ce aimer les âmes ? N'est-ce pas les mépriser et les haïr ?

Les philosophes n'aiment pas les âmes. Les uns ne croient pas qu'elles soient immortelles, les autres sont dans le doute, les autres admettent une destinée ultérieure, mais ils ignorent en quoi elle consiste ; tous se préoccupent avant tout de leur réputation et de leur fortune. Si, par des discours ou des livres, ils tâchent de faire du bruit et de donner du retentissement à leur nom, c'est dans un intérêt égoïste et non dans le véritable intérêt des âmes. Ils envisagent avant tout le monde présent, ils cherchent à plaire, à flatter, à gagner de l'argent, à obtenir des honneurs, de l'illustration, mais ils ne s'inquiètent pas de la destinée éternelle de ceux qui les lisent ou les écoutent. Lequel d'entre eux se dépouilla jamais de sa fortune, embrassa une vie de pauvreté, d'épreuves et de souffrance, lequel d'entre eux quitta jamais le sol de la patrie, voyagea dans les déserts, dans les forêts, exposa sa vie par dévoûment pour les âmes?

Les gouvernements surtout à l'époque où nous vivons n'ont aucun souci des âmes. L'homme pour eux est un animal qu'il faut apprivoiser en ménageant ses intérêts et ses passions, en multipliant ses plaisirs ; tout ce qui ne nuit pas aux chefs, tout ce qui ne trouble pas directement l'ordre matériel de la société est permis ; que la vérité ou l'erreur règne, que le bien ou le mal exerce son empire, peu importe, pourvu qu'il y ait un ordre apparent, le but est atteint. L'âme est quelque chose qu'ils ne connaissent pas. Ils voient des corps, ils font mouvoir et dirigent des corps ; la société civile est une réunion d'animaux soumis au même pouvoir et gouvernés par les mêmes lois, et cette manière de la considérer est le plus haut degré de la civilisation où l'État puisse arriver. Les anciens gouvernements qui croyaient aux âmes et en tenaient compte étaient des gouvernements arriérés, étrangers au progrès.

Non, il n'y a que la religion catholique qui connaisse les âmes, qui ait une idée juste de leur valeur et de leur destinée et qui, pour cette raison, leur montre dans tous les temps et dans tout les pays l'affection tendre et dévouée d'une mère. Voilà pourquoi les riches, les pauvres, les savants, les ignorants, les forts, les faibles, tous les âges, tous les sexes, toutes les classes lui sont également chers, voilà pourquoi elle témoigne à tous un amour qui commence au berceau et qui s'étend au-delà de la tombe ; elle éclaire et sanctifie quiconque veut l'entendre, elle prie pour les défunts, elle invoque les saints. La société des âmes dans une même foi, dans une même espérance et une même charité, sous un même chef qui est Jésus-Christ, la société des âmes dans un même bonheur éternel : telle est la mission, telle est la raison dernière de tout ce qu'elle pense, de tout ce qu'elle dit et de tout ce qu'elle fait. Ouvrez l'Évangile, de quoi s'agit-il ? des âmes. Lisez tous les Pères, tous les docteurs, tous les écrivains ecclésiastiques de quoi s'agit-il ? des âmes. Que demande aujourd'hui à ce siècle pervers la sainte Église, lui demande-t-elle son argent, ses honneurs, ses plaisirs ? elle lui demande des âmes. De quoi se plaint-elle ? de l'avilissement des âmes, de la déchéance des âmes, du meurtre des âmes. Que désire-t-elle ? la régénération des âmes ; les âmes partout, les âmes toujours. Jamais mère n'aima ses enfants comme l'Église aime les âmes, jamais elle ne fit pour ses enfants ce que l'Église fait pour les âmes ; elle est la mère des âmes par excellence, elle les dispute à l'erreur, au mensonge, au vice, avec une ardeur que rien n'arrête, un courage que rien n'abat, une force que rien ne peut vaincre, ni les persécutions, ni les prisons, ni la mort. O impie, si vous saviez ce que c'est qu'une âme, vous admireriez l'Église et loin de la combattre et de la haïr, vous la défendriez, vous auriez pour elle une tendre et généreuse affection, vous reconnaîtriez que c'est à elle que le monde moderne doit tout ce qu'il a de beau, de bien, de durable dans les institutions, qu'en dehors d'elle il n'y a pas de progrès réel et que partout où son influence civilisatrice ne s'est pas fait sentir, les peuples sont assis dans les ténèbres, dans l'immobilité de la barbarie. Il suffit pour s'en convaincre de jeter les yeux sur la surface du globe.

CONCLUSION

Saint Augustin, dans un de ses plus beaux ouvrages, la *Cité de Dieu*, expose la lutte acharnée de la cité sainte composée des disciples du Christ et de la cité de l'erreur et du mal composée des disciples de Satan. Ces deux cités ont toujours été et seront toujours en présence et la guerre ne finira qu'avec le monde. La cité sainte, dans certains siècles, triomphe et réduit la cité du mal à une espèce d'impuissance. Dans d'autres siècles, la cité de Satan l'emporte et la cité du Christ semble à jamais vaincue. Notre siècle est sans contredit un de ces siècles malheureux où le mal prédomine, où le bien diminue et ne compte plus qu'un petit nombre de soldats courageux et fidèles. De là, le malaise de la société, de là, les troubles incessants, les révolutions périodiques et les guerres implacables. Que nous réserve l'avenir ? Il est facile de le prédire. Si la France, ce pays du Christ par excellence, revient à sa vieille foi, à ses antiques mœurs, aux vertus austères des ancêtres, la régénération sera prompte, étonnante. Son intelligence naturellement active retrouvera vite la vérité, son cœur généreux s'inspirera des idées de dévouement et de sacrifice qui sont le fond du catholicisme. Elle renaîtra en quelque sorte de ses cendres et reprendra en Europe et dans le monde entier la position éminente qu'elle avait conquise et que la Révolution lui a fait perdre.

Pour tout esprit éclairé et impartial, la Révolution a constamment affaibli la puissance politique de ce grand pays. Entraîné par elle, il a versé des flots de sang et couvert de ruines l'Europe et son propre territoire, pour arriver en dernier résultat à des frontières moins étendues. C'est elle qui l'a conduit à la situation lamentable dans laquelle il se trouve, situation unique dant l'histoire des nations. Quelque grands que soient ses malheurs, quelqueprofondesque soient ses blessures, le catholicisme, en peu de temps, peut réparer les désastres et cicatriser les plaies, il a une puissance incomparable de régénération parce qu'il est Dieu agissant sur l'homme, parce qu'il est l'ordre, la chasteté, la probité, le travail et la liberté.

Si au contraire la France continuait à marcher dans la voie d'athéisme, de désordre, d'immoralité où elle est entrée, à prêter l'oreille à des docteurs impies, à des utopistes insensés, si elle rendait de plus en plus large l'abîme qu'ils ont creusé entre elle et le Christ, sa perte est inévitable. Au lieu de se relever, elle descendrait par une pente rapide au dernier degré de l'impuissance et de la honte. Elle finirait par être la proie de ses ennemis et par disparaître du nombre des nations. Qu'elle ne croie pas trop à sa force, qu'elle n'ajoute pas foi aux éloges enflés de ses flatteurs ; elle est déjà sévèrement punie de son imprudente confiance. La Providence qu'elle nierait n'en existerait pas moins et n'en ferait pas moins son œuvre de justice. Quand un peuple est arrivé à un certain degré d'incrédulité et de dépravation, quand il a rempli la mesure des iniquités, Dieu se lève, le frappe et l'anéantit sous de terribles coups. C'est l'histoire de tous les peuples de l'antiquité et ce sera encore l'histoire des peuples modernes. On se demande comment des nations fondées sur l'injustice s'élèvent cependant et parviennent à une étonnante prospérité. Dieu s'en sert pour châtier les autres peuples et quand le moment est venu il les brise à leur tour et leur inflige la punition qu'elles méritent. Il va lentement, parce qu'il a les siècles à sa disposition, mais dans ces siècles, il choisit son jour, le jour du Seigneur ; dans ces événements, la philosophie ne voit que le jeu du hasard, le chrétien y reconnaît le jeu redoutable de la Providence et l'action inévitable de sa justice.

Les Français ont donc aujourd'hui un grand devoir à remplir, un devoir à la fois religieux et patriotique, c'est de revenir à des idées saines, c'est de fonder sur Dieu, sur leur antique religion, leur régénération nationale. Ce devoir est celui d'un peuple dont l'incrédulité augmente les misères en les rendant plus accablantes parce qu'elles cessent d'être adoucies par les consolations de la foi, mais, c'est surtout le devoir de la bourgeoisie qui, par ses exemples, par ses institutions hostiles, par ses discours impies, a créé la situation présente. Elle croyait qu'après avoir supplanté la noblesse, elle jouirait paisiblement des honneurs, de la fortune et des plaisirs, en battant la religion en brèche et en affaiblissant l'influence du clergé. Eh bien ! le socialisme qu'elle n'apercevait pas sur la route d'un déisme sans dogmes définis et sans morale déterminée ou d'un pur athéisme apparaît, non pas comme un épouvantable fantôme, mais comme une épouvantable réalité. Un journal qui s'imprime à Bruxelles, la *Liberté*, s'exprime ainsi : *Mais le socialisme, sous la figure de Paris, de son épée flamboyante frappe l'hydre, la bourgeoisie dans laquelle il n'existe aucun principe résistant; son égoïsme l'a si bien désagrégée qu'elle n'est plus même un corps;* elle doit, si elle n'est pas absolument aveuglée, ouvrir les yeux sur le danger qui la menace. Il ne s'agit pas seulement des intérêts éternels qu'elle a trop oubliés, mais de ses biens, de son pouvoir et de sa vie. Qu'elle sorte enfin de l'état d'incrédulité ou d'indifférence où elle languit et se meurt pour coopérer activement à la résurrection du catholicisme, au rétablissement de ces liens fraternels qui unissaient jadis les Français entre eux, le riche avec le pauvre, le patron avec l'ouvrier, le gouvernement avec les citoyens. Pendant quatorze siècles, cette religion a été leur gardienne et leur protectrice, pendant quatorze siècles, ils ont prospéré sous sa forte et bienfaisante influence. Par elle ils ont été le peuple le plus illustre, le plus puissant et le plus généreux du monde.

Quelle est la nation en effet qui ait joué un rôle plus grand, plus glorieux, plus civilisateur que la nation française ? N'a-t-elle pas été à la tête de tous les mouvements religieux, politiques et militaires de l'Europe ? Elle a vaincu, dans les Wisigoths et les Bourguignons, l'hérésie arienne qui, en niant la divinité du Christ, anéantissait le christianisme. Elle a converti à la foi, elle a adouci et civilisé les barbares envahisseurs de son sol. En se les assimilant elle les a rendus aussi fervents chrétiens que vaillants soldats. Elle a repoussé par l'épée de Charles Martel les hordes fanatiques et sauvages d'Abdérame. Après les avoir rejetées au-delà des Pyrénées, elle a poursuivi les sectateurs de Mahomet sur les rivages de l'Orient, entraînant à sa suite les peuples occidentaux ; elle a affranchi le tombeau du Christ, sauvé la civilisation menacée par la cruauté et l'abrutissement du Coran. Quelle nation a produit plus de nobles et fiers chevaliers, des guerriers plus loyaux et plus braves ? Elle seule a eu la gloire d'être défendue contre Attila par une jeune vierge et d'être délivrée des Anglais par la sainte, la vaillante, l'immortelle Jeanne d'Arc, car dans cet heureux pays les femmes égalent les hommes par le courage et le patriotisme.

Sur son sol fécond en héros, en héroïnes, sur son sol béni de Dieu, ont fleuri les premières et les plus savantes universités. Elle a été par elles l'institutrice de l'Europe, le foyer d'où rayonnait sur les autres peuples la lumière de la science, des lettres et de la théologie. Les grands hommes de toutes les contrées venaient compléter leurs études dans ces centres illustres du savoir, et pensaient qu'ils ne pouvaient pas briller dans leur pays natal sans avoir reçu en France la consécration de leur génie. Elle a vu naître les ordres religieux les plus puissants et les plus utiles : les Cisterciens, qui ont défriché les régions incultes si nombreuses alors, les Dominicains, ces grands théologiens, ces infatigables prédicateurs, les Jésuites, ordre si méconnu et si calomnié et cependant si illustre par la science étudiée et enseignée dans toutes ses branches. Ne doit-on pas à la France, Vincent de Paul et les filles de charité, le bienheureux la Salle et les Frères de la doctrine chrétienne, l'abbé de l'Épée, l'inventeur de l'art qui a donné la pensée et la parole aux sourds-muets, les missions étrangères si riches en martyrs, l'institution de M. Olier, où le clergé français a puisé sa dignité et ses vertus? N'est-ce pas elle qui a produit, au dix-septième siècle, les grands poëtes, les grands orateurs, les grands écrivains dont les œuvres sont incomparables? Oui, ô patrie bien-aimée, tu as été la plus glorieuse nation du monde, parce que tu as été la plus catholique ; ta grandeur, pendant que tu as cru au Christ et que tu l'as servi, a été au-dessus de toutes les grandeurs du globe. Pourquoi ton auréole a-t-il pâli, pourquoi ta gloire s'est-elle obscurcie? Hélas, tu as écouté de faux docteurs, tu as été moins chaste, moins pure. Ils t'ont prêché la liberté que les hommes pervers prêchent aux courtisanes. Ils t'ont découronné de ta foi et de ton honneur, et cependant tu conserves encore sur ton front les traces de ta noblesse et dans ton cœur les souvenirs de tes vertus. Un barbare a profité de ta déchéance pour humilier ton orgueil ; il a envahi, il a ravagé ton sol, il a fait subir à ta capitale la honte de sa présence. Parce qu'il a pris une partie de ton territoire habitée par tes enfants les plus dévoués, parce qu'il t'a dépouillée de ton or, il croit avoir enseveli dans son triomphe insolent ta force, ta grandeur, ta gloire quatorze fois séculaire. Eh ! quoi, Madeleine privée de ses joyaux, de ses parfums, de ses vêtements brillants, des pompes de ses fêtes, est-elle moins belle, moins noble et moins illustre ? La vie pénitente la rend forte, vertueuse, invincible, elle acquiert une gloire plus éclatante, la gloire de la vertu austère et divine. Comme elle, ô patrie bien-aimée, redevenue fille et servante du Christ, après avoir repoussé loin de toi les auteurs de tes égarements, les compagnons de tes désordres, tu verseras des larmes, non sur ta pauvreté, mais sur tes fautes, tu te relèveras plus puissante et plus courageuse, et ton cruel et insultant vainqueur verra un jour que la défaite, quand elle ramène à la foi, est une victoire, et les siècles à venir, au lieu de raconter tes malheurs et tes abaissements, raconteront, comme dans le passé, tes exploits glorieux, car la fille aînée de l'Église est comme sa mère, elle ne meurt pas.

FIN

NOTES

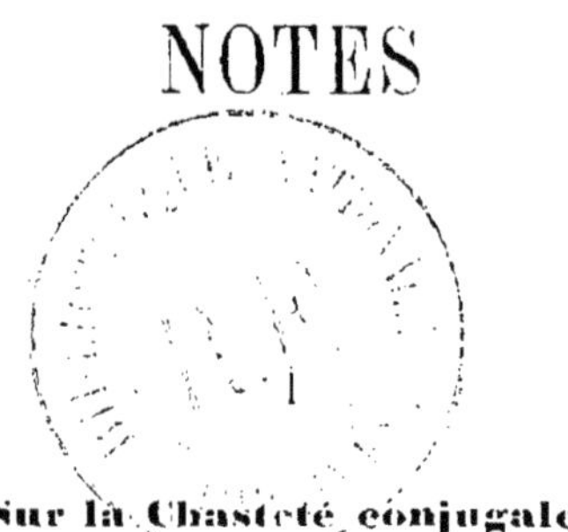

I

Sur la Chasteté conjugale.

Les philosophes matérialistes, qui ne voient dans l'homme que ses sens, montrent tous une aversion insurmontable pour la chasteté; et cela prouverait combien leur doctrine est pernicieuse et fausse, même à ne la considérer que dans ses rapports avec la vie présente. Car, avant d'être un devoir de morale, la chasteté est un devoir de conservation que la nature impose à tous les êtres vivants; et si elle est même un devoir pour l'être moral, c'est en partie parce qu'elle est une loi pour l'être physique. Hors quelques courts moments destinés à la production, les animaux sont chastes par instinct, *sans quoi il y a longtemps que les espèces auraient péri.* Lorsque l'union des sexes a le plaisir pour fin, le plaisir voulu, recherché comme fin, contrarie directement les vues de la nature dans cette union et tend même à éloigner un sexe de l'autre, en introduisant des mœurs infâmes, trop communes chez les anciens, conseillées par les philosophes mêmes. *Oh! la vile créature que l'homme et abjecte, s'il ne se sent soulever par quelque chose de céleste* (Montaigne).

Pour peu qu'on ait conservé, je ne dis pas de conscience, de goût pour la vertu, de respect pour soi-même, mais de prévoyance et de raison, il est inouï qu'on s'abuse au point de mettre le bonheur dans une passion brutale qui conduit tôt ou tard au dernier excès de la misère et de l'avilissement. Que l'ardente jeunesse, en contemplant les suites affreuses du dérèglement des sens, apprenne à réprimer des penchants funestes toujours aisément maitrisés par une volonté forte.

Le premier effet, l'effet inévitable des habitudes voluptueuses est de lier les puissances de l'âme et d'en exclure toute autre pensée que celle des vils plaisirs dont elle s'est rendue l'esclave. Distrait par des plaisirs sans cesse renaissants, obsédé d'impurs fantômes, l'esprit perd de sa vigueur et de sa fécondité : tout s'altère et dépérit, le caractère s'énerve, le cœur se dessèche. On ne sait plus aimer, ni compatir, ni répandre les délicieuses larmes de l'attendrissement. Le visage même s'empreint d'une expression dure et repoussante, des traits heurtés et morts annoncent que la source des doux sentiments, des pures émotions, des joies innocentes est tarie. (*Indifférence en matière de religion.*)

L'homme se gouverne par la raison, l'animal par l'instinct. L'instinct cherche le plaisir, mais dans une sage mesure que la nature a déterminée pour la conservation de l'individu et de l'espèce. La raison ne cherche pas le plaisir pour lui-même, elle se propose en même temps l'accomplissement d'un devoir. L'homme qui n'a en vue que les satisfactions des sens se conduit à la manière de l'animal, mais n'écoutant pas la raison qui est sa règle et n'ayant pas l'instinct pour se conduire, il abuse nécessairement et se nuit à lui-même dans son âme, dans son corps et dans les êtres qu'il engendre.

La plupart des maladies des femmes de ce temps, leur santé frèle, leur susceptibilité nerveuse ont leur origine dans la profanation du mariage.

II

Enseignement.

Malheureusement l'éducation que reçoit aujourd'hui la jeunesse n'est pas de nature à régler, à réfréner les passions. On élève les jeunes gens comme si la vie n'avait pas de lendemain, comme s'il n'y avait pas pour eux d'autres intérêts que ceux d'ici-bas ; on cherche à en faire des hommes de science, mais on s'occupe fort peu de leur moral.

Dans la plupart des établissements, l'éducation est confiée à des hommes au moins fort indifférents en ce qui regarde la religion. Il en existe qui sont matérialistes et qui laissent voir clairement à leurs élèves que s'ils ne se montrent pas devant eux ennemis déclarés de leurs croyances religieuses, c'est que la place qu'ils occupent les oblige à garder encore un certain vernis de religiosité.

Quant au déisme, au panthéisme, on les affiche ouvertement. Il semble en vérité que les gouvernements, qui ont pourtant intérêt à se maintenir, ignorent complétement dans quelles conditions ils peuvent le faire. Ils laissent aveuglément donner aux générations naissantes cette éducation sans principes qui permet à toutes les passions de se développer, qui porte en elle le germe de tous les désordres privés et sociaux.

L'éducation devrait être une arche sacrée ou nul ne pourrait porter la main, sans offrir à la société toutes les garanties possibles. On ne devrait admettre dans le corps enseignant que des hommes d'une moralité à toute épreuve, et surtout profondément religieux. S'il en était ainsi, la jeunesse, nourrie des croyances qui seules peuvent faire de bons citoyens, offrirait à l'avenir de consolantes garanties d'ordre et de prospérité. (Belouino. *Des Passions*, tome 1, page 72)

M. HENRI SAINTE-CLAIRE-DEVILLE : « Je fais partie de l'Université depuis longtemps, je vais avoir ma retraite. Eh bien ! *je le déclare franchement, voilà, en mon âme et conscience, ce que je pense : l'Université, telle qu'elle est organisée, nous conduirait à l'ignorance absolue*. Le professeur n'est rien, l'administration est tout. Je ne reconnais aucun tribunal à l'Académie des sciences pour juger une pareille matière ; *c'est pourquoi je voudrais qu'elle employât toute son autorité à faire sortir de ses gonds la porte rouillée qui s'est fermée sur notre enseignement depuis* 92.

« Il faut une réforme radicale, il faut que l'Académie se préoccupe de l'enseignement. Il s'agit de l'avenir de notre pays. Depuis quatre-vingts ans, pour parler instruction publique, il faut être ministre, député ou chef de bureau. Eh bien ! il faut que l'Académie fasse cesser ces errements et qu'elle dise nettement : Voilà la vraie voie à suivre, voilà comment on a réussi en Allemagne, en Angleterre. Secouons le joug et sachons prendre aux autres ce qui fait leur force et leur supériorité. C'est avec conviction et foi dans l'avenir que je pose la question à l'Académie. »

M. DUMAS : « Le sujet qui vient d'être soulevé a fait dans ces derniers temps l'objet d'un examen très attentif, lors de la discussion sur la liberté d'enseignement. Il avait été reconnu à l'unanimité que le mode actuel d'enseignement dans notre pays ne pouvait être continué, sans devenir pour lui une cause de décadence et d'affaiblissement. Les causes en apparence multiples de cette dégénérescence se réduisent en fin de compte à une seule : *C'est la centralisation appliquée à l'Université, qui, d'un avis général, a tué l'enseignement supérieur.* Tous les établissements soumis au même régime, aux mêmes programmes, attendant la vie d'un centre commun, finissent par s'endormir dans une lourde apathie. Le système est tout autre en Angleterre et en Allemagne. Les universités ont chacune leur vie propre ; elles ont leur autonomie, elles prospèrent. C'est en vertu de ce principe que, moi-même, fondateur de l'École centrale et président de son conseil, j'ai toujours tenu à ce que cet établissement restât indépendant des autres écoles de l'État. L'École centrale est devenue un des plus importants établissements scientifiques du monde. Il y a encore une raison qui milite en faveur des universités : les villes s'intéressent à leur université. Chacun y met du sien. Il faut voir comme à Bâle où nous passions, il y a plusieurs années, avec M. Deville, on suit avec amour les progrès de l'université. Maîtres, élèves, habitants ne font qu'une même famille. Il faut que nos universités reprennent leur indépendance comme avant la première Révolution. »

En un mot, refaisons dans l'administration et dans l'enseignement, dans la religion et dans les mœurs, ce que la Révolution a défait ; rétablissons la liberté, supprimons le despotisme, et la France reprendra sa vieille vigueur, retrouvera son ancien esprit et son antique gloire. Gardons de la Révolution ce que le catholicisme a mis dans les institutions modernes, par une application sage et juste de ses principes, et repoussons tout ce qui a été purement révolutionnaire. Nos anciennes franchises provinciales, nos anciennes universités et notre Christ régénérateur de l'humanité, voilà ce qu'il nous faut, voilà le progrès nécessaire.

III

Sur la Franc-Maçonnerie.

Voici les questions posées par le Vénérable au candidat aux trois premiers degré : « Êtes-vous disposé, mon frère, à exécuter tous les ordres du grand-maître de la maçonnerie, quand même vous recevriez des ordres contraires de la part d'un roi, d'un empereur, ou de quelque autre souverain que ce soit? Serez-vous fidèle à garder d'une manière absolue, dans toutes les circonstances, les secrets de l'ordre? Vous saurez que de tous nos glaives, il n'en est pas un seul qui ne soit prêt à percer le cœur d'un traître.

« Notre société (ce sont les expressions du code des illuminés) exige de ses membres le sacrifice de leur liberté, non pas sur toute chose, mais absolument sur tout ce qui peut être un moyen d'arriver à son objet. Or, la présomption pour la bonté des moyens prescrits est toujours en faveur des ordres donnés par les supérieurs. Ils sont plus clairvoyants sur cet objet; ils le connaissent mieux, et c'est pour cela qu'ils sont constitués supérieurs; — ils sont faits pour conduire dans le labyrinthe des erreurs, des ténèbres; et si l'obéissance n'est pas seulement un devoir, elle est un objet et un motif de reconnaissance. » (*Réforme des Statuts*, nos 1, 4 et 25.)

Pour les deux premiers degrés, c'est-à-dire dans ceux d'apprenti et de compagnon, la secte commence par jeter en avant son mot d'égalité et de liberté. Elle n'occupe ensuite ses novices que de jeux puérils ou de fraternité, de repas maçonniques; mais déjà elle les accoutume au plus profond secret par un affreux serment.

Dans celui de maître, elle raconte son histoire allégorique d'Adoniram qu'il faut venger et de la parole qu'il faut retrouver.

Pour le grade d'élu, elle accoutume ses adeptes à la vengeance, sans leur dire celui sur qui elle doit tomber. Elle les rappelle aux patriarches, au temps où tous les hommes n'avaient, suivant ses prétentions, d'autre culte que celui de la religion naturelle (le panthéisme), où tous étaient également prêtres et pontifes: mais elle ne dit pas encore qu'il faille renoncer à toute religion révélée depuis les patriarches.

Dans le grade des chevaliers *Rose-Croix*, celui qui a ravi la parole, qui a détruit le vrai culte de la nature, c'est de l'auteur même de la religion chrétienne, c'est de Jésus-Christ et de son Évangile qu'il faut venger les frères.

Enfin dans le grade de *Kadosch*, l'assassin d'Adoniram devient le roi qu'il faut tuer, pour venger le grand-maître Molay et l'ordre des maçons, successeurs des templiers. La religion qu'il faut détruire pour retrouver la parole ou la doctrine de vérité, c'est la religion de Jésus-Christ, c'est tout culte fondé sur la révélation. Cette parole, dans toute son étendue, c'est *la liberté et l'égalité* à rétablir par l'extinction de tout roi et par l'abolition de tout culte. (Barruel, *Mémoires pour servir à l'histoire du Jacobinisme*, t. II, page 234.)

Tel est le but de cette redoutable association à laquelle la plupart des membres obéissent sans connaître ses projets impies et antisociaux. Il n'est pas possible que les États conservent la paix et la tranquilité pendant qu'elle existera. Elle sera toujours dans les souterrains où elle manœuvre comme une lave qui bouillonne, fait trembler de temps en temps la terre, puis, par une éruption formidable, la couvre de ruines et de cadavres.

ALLIANCE DE LA FRANC-MAÇONNERIE AVEC LA COMMUNE DE PARIS.

Le chef des francs-maçons, le citoyen Terifocq, a prononcé les paroles suivantes à l'hôtel de ville devant les membres de la Commune :

« Nous irons présenter cette bannière, la première devant les rangs *ennemis* ; nous leur tendrons la main puisque Versailles n'a pas voulu nous la tendre.

« Oui, citoyens *frères*, nous allons nous adresser à ces soldats et nous leur dirons, soldats de la même patrie, venez *fraterniser* avec nous ; nous n'aurons pas de balles pour vous, avant que vous ayez envoyé les vôtres ; venez nous embrasser et que la paix soit faite (la paix qui consiste à livrer, par la trahison, l'Assemblée à la Commune et la France à la république rouge).

« Et si cette paix s'accomplit, nous rentrerons dans Paris bien convaincus que nous aurons remporté la plus belle victoire, celle de l'humanité (qui met les prêtres, les religieux, les citoyens honnêtes en prison et pille les particuliers et les caisses publiques, misérables charlatans !)

« Si, au contraire, nous ne sommes pas entendus (c'est-à-dire si les soldats ne trahissent par leurs devoirs pour lever la crosse et se joindre à la Commune,) et si l'on tire sur nous, nous appellerons à notre aide toutes les VENGEANCES. (Fraternité franc-maçonne.) Nous sommes certains que nous serons écoutés et que la *maçonnerie de toutes les provinces de France suivra notre exemple ; nous sommes sûrs* que sur chaque point du pays où nos frères verront des troupes se diriger sur Paris, ils iront au devant d'elles pour les engager à fraterniser (à trahir)...

« Nous qui n'avions pris jusqu'ici le service de la garde nationale que comme un service d'ordre, ceux aussi qui n'en faisaient pas partie comme ceux qui étaient déjà dans les rangs de la garde nationale, tous ensemble nous nous joindrons aux compagnies de guerre pour prendre part à la bataille et encourager de notre exemple les *glorieux* soldats défenseurs de notre ville. » (Mai 1871.)

L'*Internationale* est une branche de la franc-maçonnerie. On lit ce qui suit dans l'*Égalité* du 12 juin 1867, journal de la Société :

« L'hérédité n'aurait-elle que le vice de perpétuer les aristocraties dont elle est le point de départ, en livrant à une minorité oiseuse, parasite, le produit du travail collectif que ce serait déjà bien suffisant pour la rayer de notre organisation, mais ce n'est pas tout... »

A la clôture du Congrès de Bruxelles, le 13 septembre 1868, Eugène Dupont président parla ainsi :

« Le véritable terrain de la révolution est la question sociale... Nous ne voulons plus de gouvernement, car le gouvernement nous écrase d'impôts... Nous ne voulons plus de religion, car la religion étouffe l'intelligence. »

O bourgeois qui n'aimez pas Dieu, aimez au moins vos fortunes et cessez d'être impies !

FIN DES NOTES

TABLE DES MATIÈRES

PREMIÈRE PARTIE

ATHÉISME PRATIQUE

SECONDE PARTIE

DE LA RELIGION PRATIQUE

FIN DE LA TABLE

LYON. — IMPRIMERIE PITRAT AINÉ, RUE GENTIL, 4.

P. N. JOSSERAND LIBRAIRE-ÉDITEUR

PLACE BELLECOUR, 3, A LYON

LA VÉRITÉ A LA FRANCE ou Cause et Remède de nos malheurs, par M. l'abbé BUYAT, vicaire général du diocèse de Belley. 1 vol. in-8. . . . . . 3 fr.

DU DÉCOURAGEMENT. Réflexions sur le temps présent, par M. ANTONIN RONDELET, 1 vol. in-18 jésus. . . . . . 1 fr. 50.

LE SIÉGE DE METZ, journal d'un aumônier, par l'abbé CAMILLE RAMBAUD, avec une préface de M. ANTONIN RONDELET, 2e édition. 1 vol. in-18 jésus. . . . . . 2 fr.

LES INVASIONS GERMANIQUES EN FRANCE. par M HEINRICH, professeur à la Faculté des Lettres de Lyon. 1 vol. in-8, avec deux cartes. . . . . . 2 fr. 50 c.

LETTRES D'UN INTERCEPTÉ, par M. ARMAND DE PONTMARTIN, 3e édition. 1 vol. in-18 jésus. . . . . . 2 fr.

LE DRAME DE METZ, par le P. MARCHAL, 23e édition. 1 vol. in-octavo. . . . 1 fr.

ESPOIR! par le P. MARCHAL, 10e édition. 1 vol. in-octavo. . . . . . 1 fr.

L'ALSACE A LA FRANCE, par un Magistrat alsacien, in-8 . . . . . . 50 c.

RÉFLEXIONS D'UN ANGLAIS SUR LA FRANCE D'AUJOURD'HUI ET LA FRANCE DE DEMAIN. In-8. . . . . . 80 c.

DU DEVOIR DES HONNÊTES GENS, dans les élections, par Mgr l'ÉVÊQUE D'ORLÉANS. In-8. . . . . . 50 c.

CAMPAGNE DE LA RÉVOLUTION CONTRE ROME, par l'abbé FLEURY. 1 vol. in-12 . . . . . . 1 fr. 50

JOURNAL DE MA CAPTIVITÉ, par M. le comte de CHRISTEN, 2e édition. 1 vol. in-12. . . . . . 2 fr.

RECUEIL COMPLET DES PROPHÉTIES LES PLUS AUTHENTIQUES, 2e édition. 1 beau vol. in-18 raisin. . . . . . 2 fr.

LA RÉVÉLATION DE SAINT JEAN, ou Histoire prophétique de la lutte entre le bien et le mal, depuis Jésus-Christ jusqu'à la fin des temps, par M MICHEL. 1 vol. in-8. 6 fr.

ALMANACH DES PROPHÉTIES, 1 vol. in-16 . . . . . . 50 c.

ALMANACH DU VRAI RÉPUBLICAIN, 1 vol. in-16 . . . . . . 50 c.

LE DRAME DE LYON (20 décembre 1870). Relation de l'assassinat du Commandant Arnaud, suivie d'une notice sur les inculpés, du procès, du réquisitoire et du jugement, par un avocat. 1 vol. in-8. . . . . . 1 fr.

SIX MOIS DE DRAPEAU ROUGE A LYON, 3e édition. 1 vol. in-18 jésus. 1 fr. 50

L'ALLEMAGNE A LA FIN DE LA GUERRE, Souvenirs d'un délégué auprès des prisonniers français, par M. HEINRICH, professeur à la Faculté des Lettres de Lyon. 1 beau vol. in-18 jésus. . . . . . 3 fr.

L'OPPOSITION ET LA RÉVOLTE, par M. ANTONIN RONDELET. 1 volume in-18 jésus. . . . . . 1 fr. 50

L'INTERNATIONALE, son rôle et son but. In-8. . . . . . 50 c.

HISTOIRE DE LA LITTÉRATURE ALLEMANDE, par M. HEINRICH, professeur à la Faculté des Lettres de Lyon, 3 beaux vol. in-8 . . . . . . 24 fr.
Deux volumes sont en vente.

SOUVENIRS DU MONT PILAT ET DE SES ENVIRONS. — Paysage, Archéologie, Histoire Naturelle. — par M. MULSANT, 2 beaux volumes in-18 jésus, illustrés de six gravures et plans (titres rouge et noir). . . . . . 7 fr.

LYON. — IMPRIMERIE PITRAT AINÉ, RUE GENTIL, 4.

www.ingramcontent.com/pod-product-compliance
Ingram Content Group UK Ltd.
Pitfield, Milton Keynes, MK11 3LW, UK
UKHW022045190726
13855UKWH00002B/404